北派 紫微斗數

北派 紫微斗數

북파 자미두수

段階 방용식 저

學古房

徐 序

　파랗게 펼쳐진 수평선 아래 곱디고운 하얀 백사장 모래 위를 맨발로 뛰놀던 천진난만했던 어린 시절, 동구 밖 커다란 느티나무 사이로 흰 구름이 흘러가고 한가로운 매미소리가 귓가에 맴돌고 땀 때 묻은 파란 교복생각에, 간혹 꿈에서나 행복한 꿈을 꿉니다.

　생각할 시간이 없는 스쳐지나간 세월이 50년!
　한 것도 할 것도 없다가 주변 지인들의 도움으로 책을 한 권 내려합니다.
　역(易)이란 순환이자 정지이고 변화이자 순응입니다. 하나는 둘이 되고 둘이 다시 하나가 되는 만물의 이치를 음양에 담아 천지의 조화를 설명함으로써 그것을 통해 인간의 참된 길과 올바른 가치관을 세우고 자연에 순응하고 조화롭게 살 수 있는 방향을 제시하고 있습니다.
　동양의 점성학인 자미두수는 그러한 이치를 별에 담아 인간의 올바른 가치관을 제시하고 있습니다. 자미두수는 송나라의 도인 진희이 선생이 창안한 점성술로 14주성과 130개의 보좌, 잡성을 12궁에 배치하여 길흉화복을 예측하는 학문입니다.
　도인 진희이 선생의 선천무극도와 태극도는 명리학과 관계가 깊으며 특히 하락이수의 대가로 그의 점사는 거의 틀려 본 적이 없는 전설적 선생이자 도인입니다. 또한, 진희이 선생은 도가의 역사적 인물 가운데서 가장 전기(傳奇)적인 색채가 많은 인물의 하나로 그분의 일화는 너무도 많아 일일이 나열하기 힘듭니다.
　진희이 선생이 자미두수를 창안을 할 시기는, 화산에 거주할 시기로 도학의 절정에 이르러 천지만물의 조화나 이치를 담은 주옥같은 책과 이론이 나온 시기이고, 우주의 사상학, 도가철학에 심취할 시기입니다. 자미두수에는 그러한 사상과 이론을 담아 대우주에 인간의 허정(虛靜)과 무위(無爲)를 일깨우는 참된 역서입니다. 허정(虛靜)과 무위(無爲)는 순응하고 비우며 낮은 곳에 있으면서도 결코 낮지 않고 어두워도 어둡지 않으며 가진 게 없어도 부유해지며 진리를 통해 몸과 마음을 우주 앞에 내려놓는 것입니다.

그런 의미에서 자미두수는, 대우주에 펼쳐진 별들을 보며 자신의 모습을 별들에 비추어 우주의 질서에 순응하고 자신의 참된 가치를 찾아 세상에 필요한 물과 같이 살아가는데 분명 길잡이가 될 것입니다.

한권의 책은 보는 사람에 따라 생각하는 가치관이 틀린 만큼, 점학 이라고 보면 점학 밖에 될 수 없고, 이것을 통해 내 인생의 힘든 부분을 슬기롭게 극복 할 수 있다면 삶의 지침서가 될 것입니다. 또한, 그것을 통해서 마음에 짊어진 고난을 내려놓고 삶에 순응하면 언젠가는 고난 후에 밝은 빛이 오는 시기가 있을 것이고, 이때를 준비하는 마음으로 현재를 슬기롭게 극복한다면 미래는 분명히 좋은날이 올 것입니다.

저자 방용식

目 次

제1장

자미두수(紫微斗數)를 들어가며

1 십사정성十四正曜

가. 자미紫微

　자미(紫微)는 북두주성(北斗主星)으로 음토(陰土)에 속한다. 성격은 고상하고 우아하며 품위가 있는 것을 좋아한다. 자신의 뜻에 따라주는 사람을 좋아하며, 지시를 받는 것을 싫어한다. 자미는 왕실가문 또는 귀족집안의 태생처럼 고상한 것을 좋아하여 천한 말과 생각이나 행동이 낮은 사람과 교류하길 싫어한다. 간혹, 성격이 튀면서 발랄하고 귀여운 사람을 좋아 하기도 한다.

　만약, 자미가 영화배우라면, 비련의 재벌가 딸 역할은 되어도, 식당의 종업원으로는 맞지 않으니 즉시, "나는 이 배역은 어울리지 않아" 하고 거부하려한다. 건달 역할도 품격 있는 건달로 시가를 입에 물고 중절모와 검은 양복을 차려 입고 등장하는 것이 어울리지, 시장의 장돌뱅이의 배역을 맡으면 그는 즉시 그만둔다.

　자미가 집안에 있으면 엄숙하거나 무게감이 느껴진다. 자미는 절제의 성계로 마음에 품고 있는 성향을 잘 나타내질 않는다. 자기가 생각한 것 외에는 별로 관심이 없고 대화를 잘 안하는 편이라서 소통이 어렵다. 별이 묘왕지면 그러한 성향이 더욱 두드러져서, 보좌성의 도움이 없으면 도대체 무슨 생각을 하는지 가늠하기가 어렵다.

　이러한 성질은 문창(文昌)·문곡(文曲)과 가회를 하면 스스로 잘난체 하는 성질이 적어지고, 사고가 풍부하고 예의가 있으며, 언어표현이 좋아지고 심사숙고를 잘한다.

함약지의 자미는 고극성이 증가하여 마음을 터놓고 얘기할 상대가 없으며, 육친이 무정하며 사업의 변동 폭이 커져서 매우 고생을 한다. 이럴 경우 좌보(左輔)·우필(右弼)과 가회를 하면 어떤 것에도 흔들림이 없이 중심을 잘 잡는다. 나쁜 친구나 사람을 잘 가려내므로 사업도 요령 있게 잘할 수 있다는 큰 장점이 있다

자미는 보편적으로 남명에게는 순한 별이지만, 여명에게는 강한별로 분류가 되며 특히, 여명의 자미는 성격이 강하단 뜻이다. 남명이든 여명이든 천괴(天魁)·천월(天鉞)과 가회를 하면 포용력이 있고 사회에 적응력이 빨라진다. 또한, 녹존(祿存)을 만나면 기분파적인 부분이 감소하여 이재에 밝아진다.

자미는 오만하고 편견이 강하여 좋고 싫음이 제멋대로이다. 자미의 부모궁은 본래 공궁 이므로 따라서 명궁이 자미인 사람은 위에서부터 내려오는 지시와 압력을 순순히 따르는 일이 거의 없다.

자미의 복덕궁은 궁위에 따라 아주 큰 변수를 낳게 된다. 오궁의 자미이면 파군이 복덕궁 이므로 개창력이 있고, 게다가 아주 농후하게 반란적이며 파괴하고 다시 건설하는 색채를 띤다.

한편 미궁에 좌명(坐命)하는 자미·파군의 복덕궁에는 천부가 좌하므로, 견실한 개창력과 막판 스퍼트를 내는 힘이 있지만, 기질은 오히려 순종적이고 사고방식과 가치관이 모두 전통과 보수에 치우친다.

신궁(申宮)에서는 자미와 천부가 동궁하고 복덕궁에는 탐랑이 앉으므로 이미 패기가 있는데다가, 아울러 원활하게 하는 방법을 알므로 때로는 세밀하고 자상하기까지도 하다.

유궁에 자미가 앉으면 우월한 탐랑이 동궁(同宮)하여 표면상으로는 모여서 놀고 명랑하지만, 복덕궁의 천상이 융통성이 없다가도 아주

반역적이기도 하므로, 그 대궁인 파군의 성격을 살펴 반역하는지 순종하는지 정한다.

술궁에서는 자미와 천상이 동궁 하는데 이는 사람을 임명하고 아울러 섬기는 것으로써 황제와 노복의 혼합체이지만, 복덕궁은 오히려 강하기가 그지없는 칠살이다. 천라지망이어서 곤란한 자미와 천상이지만 용맹한 칠살이 복덕궁에 하나 더해지므로, 성격이 때로는 아주 확연하게 분열되거나 혹은 쉽게 환상으로 빠지는 것이 변화무쌍하다.

사해궁에 거하는 자미와 칠살은 화살위권이므로 매사를 장악해야 하며, 복덕궁은 교제에 능한 탐랑과 행동성이 강한 무곡이다.

경양(擎羊)・타라(陀羅)와 가회하거나 동궁하면 자미는 큰 약점이 드러난다. 양인과 타라는 제왕별의 약점을 그대로 노출시키는 단점이 있는데, 고집이 강해지고 편견이 심해지며 겉으로 예의가 있으나 속으로 딴마음을 품는다. 다만, 보좌성이 있으면 적절히 감해질 수는 있지만, 자미의 가장 큰 단점을 양타가 쥐고 있어 양타가 본신에 있는 걸 가장 두려워한다. 자미가 경양・타라를 만나면 고집이 강하고 편견이 심하며 매우 주관적이고 아첨하는 소리에 약하고 충언은 무시한다.

자미가 화성(火星)・영성(鈴星)을 만나면 위인이 미련하고 심지는 약하고 깊이 생각을 못한다. 의존심이 강하고 매사에 자기주장을 제대로 하지 못하거나, 삼방에서 살기형모를 보면 구설시비에 종종 휩싸인다.

자미가 공성(空星)을 만나면 선입견이 심하고 사람을 잘 가리는 성질이 있다. 그러나 이는 철학이나 종교등 사상학을 연구하는 직업에는 좋으나, 일반적으로는 불리하다.

자미가 만나는 별은 아래와 같다.

자미는 자오궁에 있으면 돈과 관록의 욕망이 강한 구조로 좌보・우필이 동궁하지 않는 이상 주변사람의 감언이설에 속기 쉬우며, 감정이 위약하고 마음이 약해지기 쉬우며, 환상을 즐겨서 현실을 인지하지 못하고, 게다가 돈이나 권력을 차지하려는 욕심이 강하다. 약간의 낭만적 기분을 즐기며, 분위기만 맞춰주면 도화가 쉽게 움직여 바람피울 확률이 높다.

또한, 자미는 이미 왕의 성계여서 자신의 기분이나 감정을 중심으로 움직이니 다른 사람의 기분을 맞춰주려 하지 않는다. 오히려 본인과 맞지 않는 분위기는 스스로 말문을 닫는 경우가 있다. 여성은, 길성이 가해지면 반드시 권세를 휘두르는 여자가 되며, 살성이 가해지면 즉 감정이 공허하여 고독해지기 쉬우며, 물질생활만 추구하여 정신적인 복을 누리기 어렵다.

자미가 단수할 때는 화개나 순공·절공을 만나는 것은 좋지 않아서, 아무리 종교적 신앙이 있더라도 술수에 관심이 많지만, 나이가 들면 점차 종교에 의지하고 산다. 대부분의 자미 성좌는 육친이 고생스럽거나 육친불미가 특징이다.

자미는 원래 자기 스스로 다스리거나 억제를 하는 성으로, 스스로 정신적으로 외롭다. 그래서 좌보·우필의 도움이 가장 중요하고 그다음이 나머지 보좌성이다. 화록이나 녹존이 동궁하면 시달림은 많으나 그래도 자미의 성질을 실질적으로 변하게 하여 좋다. 단수하면서 살기형모가 가해지면 개성이 강하고 고집이 세며 거칠게 전횡을 일삼으며, 가장 중요한 것은 육친무정으로 부모형제 때문에 힘들어 한다든지 부처나 자식으로 근심이 많아진다. 이는 살기형모가 아니더라도 녹존이 동궁하여도 그러하므로 자오궁의 자미를 추단할 때는 살기가 움직이는 방향을 예의주시해야 한다.

자미성이 자오궁에 있기만 하면, 천부와 천상을 삼방에서 보므로 자·부·염·무·상이나 부상 조원을 이루는데 이 같은 격국의 특성으로 인해 사업이나 조직의 기초를 완성한다.

갑·기·정년생 (甲·己·丁年生)은 자부격, 부상조원격의 대격으로, 곧 갑년생인은 녹존이 재백궁에 들어가면서 무상(武相)이 동궁하고, 염정화록 이면서 관록궁에서 염부(廉 府)가 동궁하므로, 이로 인해 쌍록 조원격(雙祿朝垣格)을 형성한다.

기년생인은 녹존이 명궁에 동궁하고 아울러 무곡 재성이 재백궁(財宮)에서 화록이 되므로, 부귀쌍전(富貴雙全)에 해당되며, 정년생인은 녹존이 입명하므로 역시 말년에 부귀를 이룬다.

축미궁의 자미·파군 : 축미궁의 자미·파군에 살성이 가하면 성정이 무정하고 앞의 말과 뒤의 말이 틀리고 수다 떨기를 좋아하는 성격이며, 오만하고 고집이 세며 나서기 좋아하고, 쓸데없는 허풍에 돈이 남지를 않는다. 사람이 교활하고 계략이 많으며 환상적인 삶을 좋아하여 속으로 이기적이지만 겉으로는 표현을 안 한다.

또한 사람 간에 체면과 의를 앞세우지만, 실제로는 의리가 없으므로 신의를 헌신짝처럼 여긴다. 자파에 보필이 협하거나 삼합으로 가회를 하면 신의가 있고 말에 책임감이 있고, 괴월이 더해지면 도리어 두터운 도의(道義)가 절정에 이른다.

여명은 호기심이 많고 귀가 얇으며 주장 또한 강하고 센스 있는 사람을 좋아하며, 성격이 유순하거나 재미가 없으면 흥미를 잃는다. 그래서 여명은 파군의 영향으로 삶이 평탄하지 못한 것이 특징인데, 개성적인 사람을 좋아하여 인생행로가 약간은 위험하다.

남명은 과숙격으로 성정이 강하고 비슷하지만 좀 더 신중한 편이다. 남녀모두 화기(化忌)가 중중하면 파격으로, 성격은 깐깐하고 편견이 심하며 남의 말을 잘 안 들으며 독단으로 일을 처리하다가 곤욕을 치른다.

또한, 생각의 폭이 넓지 못해 물러설 때와 나아갈 때를 잘 알지 못한다. 미궁에 좌명한 남명은 약간 외향적이면서 대중 앞에 나서길 좋아하고, 일부 도화성을 내재하고 있어 이성 관계를 주의해야 한다. 약간 순진한 구석이 있다. 항상 파군 수명자는 적당히 하는 것을 원칙으로 한다. 여명은 단정하지만 사람에게 여리게 보이려고 하는 특색이 있다.

인신궁에 자미 · 천부 : 성격이 강하고 고집스러우며 자기주장이 아주 강하다. 두 제왕이 한 궁에 있으므로 모든 것이 자기중심적이다. 자미 · 천부가 동궁하면, 첫째는, 어릴 때 안하무인으로서 남들의 간섭을 싫어하고, 둘째는, 나이가 들게 되면 모든 집안사람들에게 상당히 권위적이고 위세가 강하다.

격국이 지나치게 높아서 고독하게 되며, 세상에서 내가 최고라 여기기 때문에, 나보다 높은 사람은 없는 것이다. 그러므로 자미 · 천부가 좌보 · 우필 · 창곡 · 괴월을 만나면 때로는 순진하고 착하며 남의 생각을 그대로 인정하고 따르는 것으로 중용의 덕이 있고 마치 화권(化權)이 하나 가해진 것과 같은 의미이다.

공겁(空劫)이 가해지면, 응석받이 어린애이며, 순수하고 게다가 아이들을 아주 좋아한다. 남명은 침착하고 약간 나이가 들은 모습이며, 성격이 융통성이 없고, 내향적이며, 사람을 잘 사귀지 못하고, 사람들 사이에 있으면 다른 사람들의 이목을 끌지 못하며, 이로 인해 이들의 생활권이 비교적 좁은 편이다.

그러나 신궁(身宮)이 만일 염정 · 천상(廉相)이면 남들과 화목하게 지내는 편이며, 유머감각이 있는 편이고, 사업을 하려는 마음도 강한

편에 속한다. 여명은 의지가 굳고 씩씩하며, 말을 잘하지 못하고, 이기심이 강한 편이며 오로지 자신에게 유리한 일만 하려고 한다.

그러나 만일 신궁(身宮)에 탐랑이 좌한다면, 성격이 유연한 편이고 게다가 용모가 아름다워 사람을 홀리며, 말하는 것 또한 달콤하여 명예나 재물욕심이 많아진다. 남명에게는 천부성이 강하고 여명에게는 약성이기에 동궁하면 남명이든 여명이든 성정이 강한 것이 특성이다. 또한, 약궁이 여러 궁선에 있어 두 별이 모인 것은 강한궁과 약궁의 차이가 현격히 드러나 인생의 파도가 큰 것이 흠이다.

묘유궁의 자미 · 탐랑 : 자미 · 탐랑이 묘유궁에 동궁하면 환락과 유혹에 특히 약하고 모든 것을 누려야 하고 처세에 능숙하지만, 일단 성공한 연후에는 뒤도 돌아보지 않는 성정으로 욕망과 욕심이 한이 없다.

남명에게는 호기심과 자극적인 성향이 발동하는 한때 풍류에 휩싸이기도 하고 귀가 얇고 주견이 적으며, 겉으로는 대범하나 속으로는 의심이 많고, 입으로는 신의를 표방하나 속으로는 매우 이기적인 것이 특징이다. 여명은 강한별의 집결체이어서 모든 것이 본인위주이다. 특히 주변사람들이 자신의 말을 듣지 않으면 매우 분개하고, 또 들어주는 사람은 분이 풀릴 때까지 들어줘야 하니 매우 피곤하다.

그러나 자미 · 탐랑의 이러한 성질을 감소시키는 것은 첫째는 공(空)이고, 둘째는 녹존(祿存)이다. 만일 보필이 가해지면, 약간 신중한 편이며, 자미에 만일 보필이 더해지지 않는다면, 틀림없이 옆에 있는 탐랑의 간섭을 받게 된다.

만일 보필을 만나게 되면, 자미가 권세를 가지게 되어, 동궁하는 탐랑이 또 다른 특성을 나타낸다. 자미 · 탐랑이 화기(化忌)가 되면 추한 소문이 나는 도화나 안 좋은 일에 연류 되어 주변인들에게 피해를 줄 수가 있다. 그래도 자미·탐랑은 어찌하든 모든 사물의 관점은 본인 위주이기에, 결국은 자신에 유리한쪽으로 몰고 가려는 성향이 강하다.

진술궁의 자미·천상 : 진술궁의 자상구조는 중후하고 침착하며 성실하고 체면을 상당히 중요시한다. 그래서 남에게 부탁하거나 도움을 요청하는 것에 어색하여 말을 잘 꺼내질 못한다. 자미·천상 중에 천상은 매우 까다로운 성계로 좋을 때는 모범생이지만, 살성이 약간만 충해도 미련하고 고집이 강하며 사고가 까다롭고 까칠하다.

흉격의 천상은 남에게는 신용을 강조하지만 본인은 정작 약속을 잘 안 지킨다. 또한 음식, 잠자리, 심지어 성생활도 까다로워서 그 비위는 도저히 맞추기가 어렵다.

또한, 자미·천상은 자신과 대화가 안 되면 말을 섞질 않는다. 그렇다고 트러블을 일으키거나 문제도 만들지 않는다. 다만, 대화를 안 할 뿐이다. 자미·천상은 사람이 모이는 것을 좋아하고 담소를 나누는 것을 즐기는데, 진궁은 친화력이나 이해심이 많고, 술궁은 진궁은 비해 조금 못 미친다.

자미·천상의 대궁에는 항상 파군이 존재하여 대외적인 부분에 한번 빠지면 헤어나지 못한다. 또한 개성이 강하거나 독특한 성격을 가진 사람을 좋아하여 인생행로가 불안하다. 부처궁은 특별히 길성이 도와주지 않으면 이혼하기가 십상이다

사해궁의 자미·칠살 : 남명은 유순하고 침착하며 계산적이고 개인주의적 사고가 강하다. 사상이 높아 큰 이상을 가지며 현실에 불만족이 있으나 항상 성실하다. 육친과 연분은 적으며 특히 모친과 인연이 얇다. 여명은 성정이 그릇이 크며 사업가 기질이 다분하다. 남녀 공히 성정이

정확하며 도전의식이 강하고 물러섬이 없다. 남명에게는 약간 불리한 별로 돈을 만드는 재주가 약한 것이 특징이다. 사궁의 자미·칠살 구조는 칠살이 주도권이 있어 좀 더 능력적이고 발전적이며 투쟁적으로 인생을 풀어나간다. 해궁은 두 성계가 무력하여 연구나 두뇌를 활용하는 흐름이 좋다.

나. 천부天府

천부는 남두주성의 양토에 속한다.

천부성도 역시 왕의 성요 이므로 절제가 기본으로, 친화력은 자미에 비해 아주 좋은 편이다. 다만 자미의 친화력은 본신을 기본으로 설정했고, 천부는 타인을 중심으로 하기에 친화력이 그만큼 있지만 속성으로 보면 꼭 그렇지만은 않다.

천부는 아래로는 염정·천상을 두고 있고 자미와 동격으로, 자미는 겉으로 친하기가 어렵고, 천부는 속으로 친하기가 어렵다. 천부계열의 염정·천상 3성계는 모두 대인관계가 겉으로는 인자하고 원만하게 보이나, 속으로는 매우 까다로운 속성을 지니고 있다.

천부의 복덕궁은 탐랑의 영향으로 비록 세밀하지만, 화려하고 품이 나는 걸 좋아한다. 천부의 온화한 모습과 잘 조화되어 나가므로 경쟁에서 유리한 거점을 차지한다. 천부의 부처궁에는 파군이 있어서 복덕궁의 탐랑에 직접 영향을 주며, 대궁에는 칠살이 있는데 이는 움직이려 하는 별이다. 따라서 천부는 외면으로는 보수적이고 침착하지만 외면이 그럴 뿐이고 속으로는 꿈틀꿈틀 움직이려는 것이 그 기본성격이다.

천부가 불량한 성요 조합의 영향 하에서는 간사하거나 허위적이고 꿍꿍이가 아주 깊으며 구설이 많아지고 모든 일이 망가진다. 사실 '자기 모습을 잘 드러내지 않는다'라고 묘사하는 것이 가장 핵심이다.

천부는 대궁 칠살의 영향으로 다툼을 싫어하고, 복덕궁 탐랑의 영향으로 이기적인 사람을 아주 싫어한다. 천부는 기본적으로 친화력은 있으나, 속으로는 사람을 별로 믿지는 못하는 까닭에 사람으로 인해 싸움에 휘말리는 것을 아주 싫어한다.

자미의 개념은 실제로 한 것에 비해 큰 인정을 받는다. 그러나 천부는 일을 열심히 한다 하여도 크게 인정받지 못하거나, 표시가 별로 나지 않는 까닭에 마음에 불만이 크다.

두수 중에서 자미가 끌고 다니는 계열은 모두 6개별이며 모두 활기차고 강직한 성요이다.

천부가 대령하는 계열은 모두 8개로서 안으로 수렴하는 성요가 아주 많아서, 속으로 주장이 강하고 자신 만의 틀이 강하다. 태음 거문 천상과 천량을 포괄한다.

천부의 좌측 삼합은 천상(天相)이고 우측 삼합은 공궁으로서, 한 편으로는 외모가 안정된 통치자이고, 다른 한 편으로는 가늠할 수없이 확장과 변화가 가능하므로, 천부는 세력을 모으고 발휘하기를 기다리는 함축, 보수이다.

천부의 형세(形勢)로 보자면 '성급함을 경계하면서 쓰임에 대비하는 것'이며 이것은 명문 귀족이 늘 쓰는 가훈이다. 천부의 복덕궁은 탐랑이므로 역시 필연적으로 살파랑을 다 보게 되는데 이는 일종의 어떤 기회가 오면 움직일까하는 심리적 준비이다. 천부를 간단하게 해석하여 보수라고 하는 것은 사실 단지 겉보기에 불과하다.

천부의 육합궁은 태양이므로 두 성계 다 틀을 중시하며 꼼꼼하다. 곧 천부의 그 궁극적인 이상은 빛을 발휘하는 것이다.

자오궁의 무곡·천부 : 남명은 깊이 파고드는 성격이 아니고, 흥미가 있거나 하고 싶은 것만 한다. 여명은 성격이 강하고 뚝심이 있으며 강직하다. 흠이라면 딱딱한 것이 흠이다. 통솔력은 있지만 주위 사람과의 관계는 그다지 좋지 못하다.

무곡·천부는 이익만 꾀할 뿐 다른 것에는 관심이 없어서, 사업가이고 경영의 달인이다. 성격이 급하면서도 밀어붙이는 뚝심이 있고, 돈을 좋아하고 체면도 중시하며 사람을 좋아하지만, 반드시 이해득실을 따지며 또한, 모든 관심사는 돈이다.

무부는 실제적인 창업능력을 갖추나, 어린 나이에는 창업하여 발전할 수 없다.

제3대한에서 살파랑(殺破狼) 운을 지날 때 한번은 기회가 오지만 큰 성과가 없고, 제5대한이나 6대한에 이르면 일생의 기회가 오기에 반드시 잡아야 한다.

무곡·천부는 매사에 의욕이 넘치고 열정이 넘치며, 기획개념이 있어 기억력과 분석력이 뛰어나고, 이재를 잘하므로 상업 경영에 종사하는 것에 아주 적합하다.

그러나, 부처궁은 파군이다. 파군은 소모의 별이자 낭비의 별이므로 무곡과 천부성계가 공통적으로 싫어한다. 따라서 피차 기질이 맞지 않으므로 매우 피곤한 일생을 보낸다.

축미궁의 천부 : 살기형모가 가회하면 낭비하는 면이 있고 기분파적인 성격이 강하다. 질투도 심하고 뻔뻔함을 두루 갖추며 자신의 머리위에 오르는 것을 아주 싫어하고, 돈이 많으면 아버지요, 권력은 어머니라서 돈과 권력을 좋아하고 주위사람을 현혹하여 자신의 욕망달성에 이용한다.

또한, 이해관계의 충돌이 생기면, 자기부터 우선 보호하려는 태도가 강하다. 이 같은 사람은 자기중심적인 의식이 강하고, 매사에 이해관계를 중시하며, 이로 인해 형식상의 교제만 가능하고, 살성을 만나게 되면 권력과 돈을 추구하는 성격으로 바뀌게 된다. 일반적으로 말해서, 이 같은 사람은 의·식·주를 아주 중시하고, 식탐가에 미식가이기도하다.

축미궁의 천부가 보좌성과 녹존을 만나면 후덕하고 정의감도 있고 매사에 성실하다. 게다가 노복궁이 좋아서, 부하나 상사의 도움을 얻고 세력을 튼튼히 하여, 사업의 발전에 있어서 막대한 도움을 얻는다.

사업 방면에 있어서도 이로 인하여 상당한 규모로 발전시킬 수 있고, 만일 창곡·보필을 만나게 되면 대격을 이룬다.

천부가 축미궁이면, 대궁에는 반드시 염정·칠살이 있으므로 격발을 받아, 재력이나 수단이 좋아져서 성공의 조건을 갖추며, 팔방미인이 되며, 권력가나 귀인과 사교를 잘하고, 권세 있는 사람에게 잘 보여서, 권세가의 후광으로 위풍을 뽐낸다.

묘유궁의 천부 : 길성이 가회하면 말재주가 좋고, 재치가 있으며 영도력이 있어 주변 사람들을 통솔한다. 근면하고 빠르며, 책임감이 강하고 성정이 강직하여 신용을 지키며, 친구들과의 의리를 중시하고, 자부심과 포부도 강하다.

더욱이 능력이 출중하여 태도가 독립적이며, 대개 부드러움으로 강한 것을 이기는 방식으로 사업을 성공시킨다. 더욱이 문창·문곡이 가회하면 집안이 좋거나 교제능력이 탁월하고 보필이 가회하면 계획된 일이 잘 풀리며, 괴월이 가하면 공직에 아주 유리하다.

묘유궁의 천부는 성취욕, 명예욕, 돈욕심이 많아서 뭐든 하면 잘하지만, 너무 욕심이 많아 인생살이가 피곤하고 가정적으로 불리한게 흠이다.

묘유궁의 천부는 대궁인 무곡·칠살의 영향을 받기 때문에, 마음속으로 이중적인 개성을 갖기 쉬우며, 성격이 변덕이 있고 일에 생각이 많아 뜻은 큰데 현실적으로 해놓은 것이 하나도 없게 된다.

묘유궁의 천부는 대궁에 무곡의 화기(化忌)가 되면 상당히 피곤해지는데 금전이나 신용문제로 사람들과 다툼이 생긴다.

진술궁의 염정 · 천부 : 지혜가 있고 명석하며, 수완이 좋고 앞장서기를 좋아하며, 일처리에 과단성이 있고 사업에 재능이 있으며 수완가가 많다. 성격이 자주적이며 명랑하고, 일하는 것이 꼼꼼하고 총명하며 재간이 있다.

진술궁의 염정 · 천부는 살기형모를 만나면 복잡한 일에 엮이는 걸 매우 싫어하지만 정작 본인은 집착이 상당히 강하다. 한번 눈에 들면 수단과 방법을 가리지 않고 갖는 성격이다. 자존심을 건드리면 은근히 비꼬거나 비방을 하여 해코지도 하는 성격이다.

염정은 진술궁에서 천부와 동궁 하는 것을 반기어, 염정 격국 중에서 비교적 좋은 것의 하나가 되므로, 대체로 사람의 마음이 너그럽다.

문창 · 문곡과 동궁하게 되면 더욱 그 장점이 발휘되어서, 점잖고 예의가 있으면서, 별로 마음에 맞지 않는 일도 잘 거들며, 일에 있어서 완급과 경중을 잘 조절하며, 분위기를 잘 맞추고, 상황을 지탱해 낼 수 있다.

염정 · 천부에 살기형모가 충파하면 사람의 성질이 급하고, 태도가 오만방자하고 사나우며, 다른 사람을 은근히 갈구거나 자기마음이 풀릴 때까지 괴롭히니 사사로이 의기투합을 잘하며, 아첨을 잘하고, 고자질을 해대며 호화롭고 사치스러운 생활에 빠진다.

또한 목적을 달성하기 위해 수단과 방법을 가리지 않는 경향이 있다. 더욱이 유년을 행하면서 살기형모를 만나거나 혹은 백호를 만나면 시비 관재소송이나 투옥되는 재난이 일어나기 쉽다.

즉 이른바 "싸움닭"이며, 일을 할 때 앞장서기를 좋아하는데, 당연히 싸울 때도 예외가 아니며, 교제 수완은 최고이고, 돈 버는 능력 또한 강하다. 염부의 조화는 욕심이 강하여 돈과 사람을 모두 쟁취해야 하는데 이중 하나라도 빠지게 되면 본인스스로 매우 조바심을 낸다.

사해궁의 천부 : 학술연구나 전문직을 가져야 편하다. 대인관계가 서투르고 비위를 잘못 맞춘다. 주견이 강하고 가정적이면서 속물근성도 있다.

천부가 사해궁이면 반드시 자미와 대조하여 가장 권위적인 조합이 된다. 천부는 자체에 이미 패기가 큰데다가, 다시 대궁의 자미와 화합(化合)하여 권위 또한 손색이 없으므로, 앞으로는 제압하고 뒤에서는 장악하는 사람의 전형이다.

성격이 주관 의식이 지나치게 강하고, 종종 다른 사람들의 입장을 고려하지 않으며, 게다가 다른 사람의 충고를 듣지 않고, 성격이 고집불통이며, 누가 뭐라고 해도 자기 식으로 하며, 독불장군 형태이다.

여명은 사람들의 뜻을 좋게 받아들이며, 성격이 명랑하고, 게다가 말솜씨가 좋으며, 재치가 남들보다 뛰어나서, 재능 있는 커리어 우먼이 된다. 다만 성격이 급하므로, 반드시 누군가 늘 옆에서 말려야만, 충동적으로 일을 저지르지 않는다.

천부는 녹존이나 녹을 만나는 것이 중요한데, 명이나 전택궁에 들어오는 것을 1격으로하고, 명궁의 사화가 녹존을 타동 하는 것을 제2격으로 인정한다.

천이궁은 엄밀히 따지면 외격으로 분류하여, 녹존이 천이궁에 있으면 이익다툼을 벌인다. 그러면 아주 고단한 천부명이 된다.

녹존이 부처궁에 들어가면 정격으로 분류상 이득이고, 관록궁에 들어가면 부처와 사귀기가 어렵다. 왜냐하면 내가 돈이 있어야 부처가 다가온다는 뜻으로, 이럴 때는 내 집안이 속칭 빵빵하지 않으면 허 녹존에 분류한다.

천부는 수렴의 별로, 안정이 되면 여흥을 즐긴다. 영화, 그림, 여행, 철학 등 로맨틱하고 또한 지식적인 것을 좋아하는 경향이 있다.

천부가 가장 흉격인 것은 공겁이 가회 하는 것으로, 명궁에 있으면 권모술수가 능하고 교묘히 사람을 기만한다. 양·타를 만나면 뻔뻔해지고, 화성·영성을 만나면 정신적으로 문제가 아주 많음을 드러낸다.

천부는 토의 근원이기에 밭을 가꾸는 일을 중시하므로, 의역하면 잠자리를 많이 하여 자녀농사를 잘 짓는다는 것이다.

천부는 자미와 마찬가지로 대중적인 성계가 아니어서 직장생활이나 사람상대를 어려워한다. 자미는 처음부터 충돌하지만 천부는 마음에 품고 있다가 일이 끝나면 불만을 드러나는 것이 특징인데, 가정을 지키려는 수렴의 성질로 인하여 그만둘 수가 없어 괴롭다.

다. 태양太陽

태양은 태음과 더불어 양대 중천성(中天星)이다. 태양은 직책이나 명함을 의미하고 존경 받는 것을 좋아한다. 또한, 남들보다는 우위를 점하려는 속성이 있어 직책이 안 되면 재물을 추구하기 때문에 태양의 속성 중 가장 중요한 것은 끊임없이 올라가려는 상향지향적인 속성이다.

태양은 외로운 독립투사처럼, 자기만이 적과 싸울 수 있다고 믿는다. 그러므로 어떤 생각이든지 자기가 옳다고 믿는 것은 한 치의 양보도 없으며 타협이 없고 대중이 속임을 당하거나 오류 속에 빠지는 것을 보면 못해 의분을 참지 못한다.

그러나 왕지든 함지든 살기형모를 동반하는 태양은 오히려 잘못된 정보나 지식으로 세상을 비판하니 이는 독불장군이요 오만의 극치이다.

태양은 비교적 아랫사람 즉 서열 관계의 아래 사람이나 부하직원에게는 관대하며 흠을 덮어주는 반면에, 서열이 높은 상사에게는 고지식하고 딱딱하기 때문에 상사와의 관계가 원만하지 못하다. 이도 역시 우열의 속성을 단적으로 보여준다.

태양은 묘왕지에 있으면 반드시 직책이나 능력이 좋아야 합격이고, 단지 묘왕지에 있고 집안도 한미하고 직책도 낮으면 성격이 모가 나서 불만이 많고 직설적이며 관대하지 못하고 나서거나 지적을 하여 눈밖에 나는 경우가 있다. 묘왕지의 태양이 직책이나 능력이 좋아서 사람들보다 우위에 있으면 자애스럽고 관대해지며 포용력이 커지는 것이 큰 장점이다.

함지의 태양은 본신이 어둡기 때문에 거꾸로 사람에게 다가 서려는 경향이 많다. 그래서 함지의 태양은 길성이 가회하면 친화력이 돋보인다. 어른 아이 할 것 없이 대화상대가 되며, 또한, 맞장구를 잘 친다. 함지의 태양은 귀가 얇은 편에 속해 주변의 말에 쉽게 휩싸이는 경향이 있다. 이것이 또한 단점이다.

태양은 대한에서 만나는 성계들이 매우 중요한데, 태음 쪽으로 대한이 이동하면 태양의 입장에서는 해가 달로 바뀌는 시점이므로 재를 얻으려 힘을 쓴다.

그리고 태양이 천기 쪽으로 움직이면 고극적 성향이 증가되므로, 힘이 있는 태양은 능력이 더 좋아져서 주변에 사람이 많이 따르지만, 능력이 없는 허명의 태양은 상황이 더 악화되어 고립된다. 이것은 60성계 구조에서 매우 중요하다. 이점을 잘 판단해야 한다.

자궁의 태양 : 본신에 힘이 없는 태양으로 천량의 흥의를 감당할수가 없다. 성정은 깐깐하고 고집이 강하며 억압을 받을수록 반항의식이 강해진다. 모험을 좋아하고 대개는 역마살이 든 것처럼 여행이나 모험을 즐긴다. 한번 고집을 피우면 남의 말을 잘 듣지 않는다.

간혹, 길성이 가회를 하면 명사나 철학자, 변호인으로 이름을 날리기도 한다. 대개 육친이 무정하여 형제가 서로 흩어지거나 형제가 많이 없다.

반드시 명격에서 녹(祿)이나 권(權)을 만나고 보좌성이 있어야 비로소 두각을 나타낸다. 그렇지 못한 태양은 돈을 벌려고 해도 본래 그다지 돈 버는 소질이 없고, 직업을 가지려 해도 관록궁의 거문의 특성으로 고생을 심하게 한다.

만일 운(運)에서 태양 화록을 만나게 되면, 더욱 고생이 많아져서, 몸도 마음도 망가지기 일쑤이며 뇌출혈을 조심해야 한다. 성격이 솔직 담백하고 선량하며 고집이 세고 공명정대하고 의리가 있다. 남명은 외모가 남자답게 생겼으며 생기가 넘치는 전형적인 남성 우월주의자이며, 일을 하는 것이 독단적이고, 책임감이 강하고 일생 사업에 분주하다.

축미궁의 태양 · 태음 : 보좌성이나 길성을 만나면 인기를 얻을 기회가 많아 대중을 거느린다. 태양 · 태음은 미궁과 축궁에서 유일하게 동궁 하는데, 본신은 차분하며 매우 신중하고 까다로우며 다분히 계산적이다.

양 · 음이 동궁한 까닭에 집안의 주목을 받든지 주변 사람에게 사랑을 받는 구조이다. 무슨 일을 하든지 가장 현명하게 선택하려는 속성이 강하여 쉽게 결정을 못하고 살성이 가회하면 욕심이 많고 구설이 주변을 떠나지 않으며 작은 것을 주고 크게 받으려 하며 자신이 품은 생각을 밖으로 잘 드러내질 않는다.

태양과 태음이 축미궁에서 동궁하면 일반적인 정황은 태양의 열정과 태음의 이기심이 오히려 서로를 끌어들여 견제하므로, 하던 일을 언제 번복할 지 알 수가 없고, 심정이 갑자기 식었다 갑자기 달아올랐다 하니 기분을 알기 어렵다. 여명은 날이 맑다가도 갑자기 구름이 끼면서 비가 오는 모습이나 다를 바 없다.

이러한 명격은 모두 번잡하다. 가령 일월이 축궁에 좌명하면, 태음은 묘왕하고 태양은 낙함한다.

하나는 모친이고 하나는 부친이면서 모두 한 궁에 들어가니, 나중에 가서 이런 경우의 자녀 하나는 효도하고 따르지만, 다른 하나는 답답해진다.

게다가 이 궁위는 화기(化忌)가 되면 안 되고, 살(煞)이 가해져도 안 되니, 살(煞)이 가해지면 형극이 부모 양친 중 한 사람만 남으며, 만일 그렇지 않으면 자신이 집을 나가야 한다.

가령 미궁(未宮)이면, 태양이 더 왕(旺)한 편이고, 태음은 낙함하며, 만일 여명(女命) 태양이라면, 즉 아주 좋은 태양이 좌명 하는 것으로, 합리적으로 말해서 여명(女命) 태양이 왕지(旺地)이면, 이 사람은 남자처럼 호쾌하고, 결단력 있는 성격이 이므로 여장부라는 소리를 듣는다.

그러나 태양 옆에 다시 태음이 가해지면, 이는 결단력이 없어지고, 일월이 동궁하면 사소한 일에도 쓸데없이 매달린다.

만약, 이 사람과 사업을 한다면 피곤해서 죽을 지경이 된다. 어떤 사람이 만일 태양 하나만 좌명하면, 가식 없이 행동하며, 아주 말을 잘한다.

그러나, 일월이 동궁하여 좌명하면 불확실하고 흑백이 정확하지 않아 이전에 마음먹었던 것도 오늘에 와서 당장 바꾸므로, 이러한 사람과 사업을 할 때, 가장 결과를 좋게 하려면, 계약 즉시 서명을 해야 한다.

그렇지 않고 다음날이 되면 그가 또 계약을 철회하려 한다. 이렇게 일월이 동궁하는 명(命)인 사람은 생각이 아주 번잡하고 쉽게 결정을 못 내리며 갈등한다.

남명은 속내가 깊어 자기의 속을 드러내지 않으며 인내심은 아주 강하지만, 꾸준한 마음이 아니어서 일시적인 유혹에 현혹되어 투기성도 있으며 눈앞의 이익에 급급하다. 성격이 외향적이고 돌아다니기 좋아하지만, 그러나 가는 곳마다 그저 자기만 생각하며, 이기적인 편이다.

여명은 겉보기에 온유하고 부드러워 보이고 대화가 잘 되는 듯하다. 그러나 태도를 아주 잘 바꾸는데, 이는 아주 계산적이고 욕심이 많아서이다.

가정 관념은 강하며, 친정과의 관계도 아주 친밀하고, 남의 일에 끼어들며 참견하기를 좋아한다.

명(命)이 축궁(丑宮)인 사람은 온유하지만, 미궁(未宮)에 있게 되면 고집이 센 편이다.

인신궁의 태양·거문 : 용량이 딸리는 건전지 같다. 태양·거문이 동궁하면 거문은 태양의 빛을 흡수하여 전부 소모하는 성질이 있는데, 이 때문에 태양의 빛이 거문을 돕는 성질로 변한다.

이럴 때 진행되는 방향은 밝은 쪽으로 진행하는 것이 운의 흐름에 좋다. 그러나 태양에게는 거문이라는 암성으로 고생을 면할 수는 없다. 또한, 구설시비가 존재하는 까닭에 곳곳에서 충돌이 일어난다.

두 성요가 동궁하면 말할 때에 약간 인상을 찡긋하거나 구김살이 있고 대체로 마른 형이 주종이다.

천부로 가면 태양의 틀이 천부의 틀을 만나 사람을 믿거나 귀가 얇아 문제가 발생하고, 자미·칠살로 흐르면 뜻은 큰데 현실만족이 작아진다.

거문성은 암(暗)을 주관하여 태양을 가장 반기는데, 이는 태양의 빛이 어두움을 몰아내어, 거문의 결점을 아주 많이 약화시키기 때문이지만, 형식적으로는 거문의 특성도 여전히 존재한다.

살기(煞氣)를 만나면 고집스러우며 생각이 짧고 사람에게 속임을 당하고 구설이 증가한다.

태양 거문의 장점은 직분에 충실하다는 것이므로, 이러한 사람을 부하로 쓰게 되면, 이는 태양의 정직과 거문의 충성심이 더해지기 때문이다. 그렇지만 태양·거문자는 남명에게는 유리한 별이지만은, 여명에게는 불리하여 곳곳에 구설시비가 끊이질 않는다.

특히 거문화기가 되면 말할 수 없는 고통을 동반하는데 주로 인생의 3대한이나 4대한에 주로 발생한다. 남명은 제4대한에서 천부를 만나면 태양의 틀과 천부의 틀이 만나므로 아주 조심스럽게 운의 흐름을 봐야하고 주로 파재나 구설이 증가한다.

남명은 조용하며 내성적이고 약간 외향성도 가지고 있다. 일의 흐름을 잘 파악하고 생각이 예리하며 보좌성이 동궁하면 내향적이고 보수적이다.

살기가 동궁하면 일을 하는 것이 용두사미가 되기 쉽고, 종종 그저 잠시 동안만 열의가 있을 뿐이며, 신체가 마르고 작다.

여명은 성격이 성급하고, 아주 남성적이며, 늘 어린아이 같은 마음을 지니며, 떠들썩한 곳이 있으면 어디라도 가고, 예술에 대해 흥미가 있으며, 만일 도화성을 만나게 되면 연예 오락계에서 발전할 수 있다.

묘유궁의 태양·천량 : 거문·천동의 부관선이 항상 존재한다. 두 성계의 단점은, 거문의 독불장군과 천동의 불협화음이 같이 있다는 것이다. 그러므로 태양·천량격에서는 관록궁과 부처궁이 심히 불안하다는 뜻이다.

여명은 외모가 단정하고, 유행과 멋을 중시하며, 성격이 활달하고 보수적이고, 체면을 중시하여 패배를 인정하지 않으며 또한 한가로이 있지 못한다.

어릴 때는 그 부친에게 불리하고, 중년에는 결혼생활이 끝장나기 쉬운 상황이 된다. 이성과의 인연이 상당히 있으며, 따라서 같은 여자들의 질투를 받기 쉽고, 그리고 대궁의 영향을 받아, 늘 맏며느리 같은 자태가 있다. 부관선이 천동·거문 이어서 고생과 고난이 많은 구조이다.

태양·천량이 명에 있으면 집안을 먹여 살리든지 육친의 부담을 안고 사는 격이다. 길성이 가회하거나 녹존이나 화록(化祿)과 창곡(昌曲)이 필요하다. 성정은 차분하고 예의가 있으며 부처궁이나 자녀궁이 좋은 구조가 아니어서 길성의 조력이 필요하다.

또한 살기형모를 만나면 성정이 고집스럽고 괴팍하며 독단독행이다. 천량도 고독하고 태양 역시 고독하니 고독함을 풀 수 없다. 묘궁의 양양조합은 녹존과 문창이 삼합이나 명궁에 동궁하는 것을 제 일격으로 하는데 역시 고극성은 피할 길이 없다. (천량편 에서 보충설명이 있다.)

진궁의 태양은 인간관계가 넓다. 진궁의 태양은 대궁에 태음을 보아 사람에게 밀접한 성계이다. 또한 태양·태음구조는 매우 신중하다. 일을 할 때는 치밀하고 무언가를 선택할 때에는 여러 번 생각하고 또 생각하여 가장 좋은 쪽으로 진행을 하려 한다.

그래서 속으로는 까다롭다는 특성이 있기에 변덕도 존재한다. 녹존과 보좌성이 가회 하여야 매우 길하다. 태양이 진궁(辰宮)이면, 태음은 반드시 술궁(戌宮)에 좌하여, 태양과 태음이 모두 왕지에 있으면 은근히 까다롭고 치밀하며 공명정대와 명예욕이 강하다.

반대로, 태양이 술궁(戌宮)에 떨어지면 태음은 진궁(辰宮)으로 성정이 약간 소심하고 질투심이 있고 재물이나 사업의 욕망이 강한 구조로 흐른다.

위인이 착하고 효도를 하고 집안을 돌보며 열심히 일하고, 등산과 운동과 야외활동을 좋아한다. 술궁의 태양은 하는 일이 민첩하고 용맹하나, 천라지망의 영향으로 일이 순조롭게 풀리는 것은 인생의 말년에야 가능하다.

흉성이 동궁하면 자신이 편해야 주변을 돌아보는 성격으로 본인의 관점이 더 중요하다. 고집이 강하고 자신의 말이 법이고 타인의 충고를 무시하며 귀찮게 하는 것을 아주 싫어한다. 보편적으로 육친과 무덕하여 고생을 많이 하는 편이다. 많은 귀요(貴曜)가 있어야 한다.

사해궁의 태양은 삼합 및 암합에서 자부와 태음의 4대 주성을 모두 본다. 사해궁에 태양은 대궁에 거문이 있는 까닭에 가끔 알지 못하는 고생을 많이 한다. 이 같은 명격의 사람은 아주 쉽게 다른 사람들이 시비하는 곳에 끌려 들어가게 된다. 사해궁의 태양은 그 노복궁 또한 아주 미묘한 조합(무곡·탐랑)이고, 따라서 시비가 아주 많다.

거문의 영향으로 어두운 곳에서 끌어당기고, 얽어매니, 자연히 고뇌에 젖어들게 된다. 특히, 형노선의 과오를 본신이 책임을 진다든지, 거문의 흉의로 구설시비에 휘말리는 경우가 생긴다. 그래도 사궁이 해궁보다는 좀 더 나은 편이다.

태양은 관록의 성계여서, 사업을 할지라도 재물을 추구 하는 것이 아니라 명예와 지위를 중히 여기며 단체나 모임에 나아가서 활동하길 좋아하며 소속감을 중히 여긴다.

태양이 사해궁에서는 반드시 거문과 대조하므로 말재주가 좋고, 사람 됨이 심지가 밝고 공명정대하지만, 태양의 기세가 지나친 것이 오히려 결점이어서 남명이면 부친이나 남자형제, 아들에게 불리하다.

여명은 부처궁이 천동이므로 지나치게 유약하여 그 남편에게도 또한 불리하며, 부모궁에 좌하는 파군과 형제궁의 무곡은 대개 고독하고 소모하는 별이니, 통상적으로 집안의 남성의 운로(運路)에 불리한 영향을 미치고, 살(煞)을 만나면 육친에게 불리하며, 눈이 다치게 된다. 대체적으로 부처궁이 약하여 결혼이 잘 안되거나 남자에게 관심이 적은 구조이다.

남명은 계략이 많고, 표리가 부동하며, 정치활동에 참여하기 좋아하거나 혹은 정치에 열광하고, 태양이 해궁이면 곧 이미 함향(陷鄉)에 들어가고, 대궁의 거문도 역시 어두워서, 사람들과 잘 어울리지 못하고, 시비를 초래하기 쉬우며, 관재소송으로 인한 분란을 야기한다.

태양이 함지에 있으면 소통이 자유롭고, 묘왕지에 있으면 불편하다.

태양이 함지이면 사람과 소통(비위를 잘 맞추고 맞장구를 잘 친다.)이 좋고 묘왕지면 독선이 나온다. 해궁의 일월반배는 귀하지는 않아도 부(富)를 쌓는다.

자오의 태양은 천량과 마주 보므로 명사(名士)의 품격이 있다.

축미에서 일월이 동궁 하는 남명은 여성을 존중한다. 인궁의 태양·거문은 광활한 대지를 넘나든다. 즉 사방팔방에 할 일이 많다는 뜻이다.

라. 태음太陰

태음은 태양과 더불어 양대 중천성으로 음수(陰水)에 속한다.

태양과 동격으로 초년에는 관(官)을 추구하며 나이가 들면 재(財)를 취하는 성질로 변한다. 태음은 수렴의 별로 길성이 가회하면 정확한 계산력, 정의감, 강한의지와 스스로를 갈고 닦는 수신의 성격이 있는 반면, 흉성이 가회하면 환상적이고 이기적이며 음흉하고 사기성과 질투가 심하며 구설시비가 따른다.

태음이 살성이나 화기(化忌) 있으면 고민과 곤우함이 많아서 정신적인 고통이 심하다. 예를 들어, 처녀때 이성과 교제를 하였는데 결혼 후에 알고 보니 신랑의 사촌 동생이든지, 과거에 자신을 괴롭힌 직장상사가 다시 현직사장으로 부임하여 마음이 괴로운 류이다. 태음에 인동하는 살기는 말 못할 비밀과 현실적으로 이겨 낼 수 없는 현실에서 오는 괴로움이며 이는 남에게는 그저 그럴수 있다지만 태음명 에게는 그야말로 악연에 연속인 것이다. 그러므로 자칫 살기를 동반하는 태음명은 우울증에 걸리기 쉽다. 전형적인 태음의 비기이다.

태음은 질투·의심·결벽·환상 등이 아주 많고 예민하여, 한번 판단한 것은 절대 꺽지 않으며 자기 생각대로 한다. 남이 간섭하는 것을 매우 싫어하고 지시를 받는 것도 싫어한다.

그리고 자기의 생활반경에 접근하는 것도 허용하지 않는다. 왕지의 태음은 더욱 강하여 자칫 독단으로 흐른다. 태음명자는 상대방이 계획적으로 접근하는 것을 아주 싫어하고, 심지어 본인도 까다로운 성격이면서 상대방이 까다롭게 굴면 싫어하고 잘난 척을 하는 것을 못 본다.

태음은 길성이 가회하면, 온순하고 정직하며, 예의가 바르고 총명하며, 보좌성이 더하면 공명정대하여 재복이 발달하고 공직으로 매우 좋다.

태음의 보좌성중에서 문창·문곡은 삼합·협·동궁을 아주 좋아하는데 총명하고 재주가 있으며 언행이 좋다. 반대로 문곡만 하나만 있으면 위인이 가볍고 귀가 얇으며 위세 있는 자를 좋아하고 간사해진다.

두수에서는 태음과 거문의 관계를 주의 깊게 봐야하는데 거문이 흉하면서 보좌성이 많으면 자신의 능력이 최고인줄 착각하거나 오만해진다. 태음의 복덕궁에 거문이 항상 자리 잡고 있어 왕지나 보좌성이 많을수록 이러한 생각을 할 수 있으니 이점을 유의 깊게 봐야한다.

태음은 천동과 동궁하거나 마주보는 것이 가장 활동적이고 개성적이다. 이러한 성격은 남명보다는 여명에게서 두드러지며 활동하기를 매우 좋아하고 욕망이 강하며 화려한 생활을 좋아한다. 이러한 성향으로 인해 자칫 사기에 휘말릴 가능성이 있는데, 이는 천동의 겁이 없는 속성이 태음을 침범하여 벌어지는 사태이다.

태음은 오로지 화권(化權)으로 안정 할 수 있고 녹존이 동궁 하여 화록이 더해져야만 안정과 화복을 취할 수 있다.

자오궁은 마두대검격으로 계산능력이 뛰어나고 사리분별력이 강해 길격이다. 그러나 마두대검은 아주 특별한 경우 외 에는 거의 흉격이어서 조심해야 한다.

태음은 경양·타라를 만나면 성격이 강해 자신에 반하는 사람과 투쟁이 심하다. 화성과 영성은 태음이 가장 싫어하는 흉성으로 갖가지의 재앙이 끊이지 않으며, 살기형모를 만나면 심성이 독하고 매사에 나쁜 일만 저지른다.

지공·지겁은 환상적인 태음에게는 더욱 환상에 빠지게 해서 현실에 부적응과 불만이 증가한다. 가령, 부처궁과 관록궁에 공겁이 있으면 환상적인 연애나 이국적인 여자와의 관계를 꿈꾸는 등 다분히 비현실적이다.

태음의 복덕궁에 거문이 존재하면 질투가 심하거나 내면의 복잡한 심정이 있는데 화기(化忌)가 충 하거나 동궁하면 시비가 많아지고 관송이 뒤따른다. 이는 특히 집안을 대표하는 태음성의 특성인데 태음명자는 집안에 시비구설이 증가하거나 집안이 우울한 것이 기본이다.

자오궁의 태음 : 천동과 결합하여 동음조합에 속한다. 계산력이 뛰어나고 사고력이 우수하다. 특히 남명에게는 오궁보다는 자궁이 길격에 해당되는데, 이때 유의할 점은 반드시 녹존(祿存)과 화권(化權)이 명궁에 들어야 가능하다.

오궁은 경양과 동궁하면 마두대검(馬頭帶劍)이라는 격이 되는데 무년생과 정년생이 그 격에 해당되고 나머지는 비격(격이 떨어짐)에 해당된다. 천동과 태음이 자오궁에 좌명하면, 이는 두 개의 수(水)에 속하는 성좌가 모두 수향(水鄕)에 들어, 자연이 왕지가 되고, 괴월(魁鉞)을 만나면 수징계악(水澄桂萼)의 격국이 되어 조력이 증가하고 발달하게 된다.

모습이 이쁘고 침착하며, 성격이 충후하고 온순하며, 마음이 통하게 되면 동정심이 많다. 좌절하더라도 낙척적인 사람이고, 게다가 깔끔한 것을 좋아하고, 결벽증이 있으며, 나이가 들면 머리부터 벗겨진다.

여명은 활발하고 온유하며, 겉보기에 어린 티를 못 벗은 아이 같고, 의타심이 아주 강하며, 집안일은 하지 않고 향수를 누리는 것을 좋아하며, 허영심이 강하고, 결혼생활이 대개 유명무실하거나 혹은 남편이 늘 집 밖에 나가 있으니 아침마다 돌아오기만을 기다리는 신세가 된다.

남녀 공히 화기(化忌)가 충 하면 사람과의 관계를 조심해서 쓸데없는 오해를 부르지 말아야 할 것이다. 동음이 자오궁에 있으면 형노선이(천부 또는 자미·칠살)이 존재하므로 아무리 사람이 좋다고 하여도 절대 응해서는 안 된다. 개혁적이고 돌파력은 강하지만 자미·칠살 이나 천부는 결국 사사로운 이익을 취하는 성계로 적당한 선을 지키면 아주 유용하게 쓰이지만, 만약 도박판에서 다 믿고 걸었다간 거덜 나기 십상이다.

(축미궁의 일월은 태양 편의 설명을 참조한다).

인신궁의 천기·태음 : 부모궁이 즐거움을 누리려는 자미·탐랑이므로 언제나 부모로 인한 고통이 심하다. 인궁은 성정이 강하고 신궁은 성정이 유한 편으로 인궁이나 신궁은 부모에게 받는 고통은 둘 다 비슷하다.

창곡이나 녹존·화록을 만나고 보좌성이 가회하면, 총명하고 생각이 많고 머리를 잘 쓴다. 성격이 침착하고, 심지가 깊은 편이고 여가를 즐기는 것을 중요시하고, 본질을 추구하기 좋아하며, 부모에게 효도하고 가정을 돌본다.

자미·천부가 협하는 것이 좋으며 녹존과 화권을 봐야 안정이 되고 온화해진다. 화기나 살성을 보면 흉하고 이기적이고 뻔뻔하다. 남명은 성정이 유순한 편이지만, 화권이 하나만 가해지면 독단적으로 변하고 록·기가 가해지면 유순하나 환상적이고 신궁(身宮)이 태양이면 열성적이고 노력 형이다. 신궁(身宮)이 천동이면 내성적이며 속으로 참는다.

길성이 없고 살성이 가하면 권모술수를 부리기 좋아하고, 이기적으로 따지며, 돌아다니기 좋아하고 유흥과 오락을 좋아하지만, 정작 자신의 관심 분야에는 대단히 집착하고 빠져나오기가 어렵고 또한 겁도 많은 겁쟁이이다.

공망을 만나면 두뇌 회전이 빠르지 못하고, 약간 신경질적이고 성격이 메마르다. 천기·태음을 볼 때는 종이 한 장 차이로 판이하게 성격이 틀려지는데 명신궁의 삼합에서 거문을 만나면 욕망이나 고집이 아주 강하여 천상천하 유아독존 격으로 세상에서 자기가 가장 잘났다고 생각하며 욕심도 매우 많다.

천기·태음에 화기(化忌)와 화권(化權)이 동궁하면 일생에 흉한일이 많이 생기는데 이 역시 자기욕망 때문에 벌어지는 일이다.

여명의 기월은 길성이 가회하면 성정이 착하고 책임감이 강하며 집안단속을 아주 잘한다. 남명은 순한 기월과 아주 강한 기월 중 어느 편에 있느냐가 중요한데 이는 후운을 결정하는데 중요하다. 인신궁의 기월은 부모궁이 자·탐으로, 모시고 받들어야 하기에 이러한 구조는 고급 고객을 상대하는 직업이 주종이고 아니면 직업적으로 품위가 있는 편이다.

천기·태음이 인신궁에 있고 길성이 가회하면 여자는 아주 총명하다. 만일 남자라면, 준수하고 도의(道義)가 두터우니, 기월의 조합은 살성의 충파를 당하지만 않는다면, 중급 공무원에 속한다.

여기에서 결혼생활이 비교적 안정적인 이유는, 바로 부처궁의 태양이 낙함하고, 또한 태음도 낙함하기 때문이다. 남녀의 차이가 있어서, 여명이 신궁에 있으면 세상에서 가장 좋은 명으로서, 오궁에 있는 태양을 보므로, 눈을 감고 아무나 고르더라도 좋은 남편에게 시집가서 집안의 며느리로 들어앉게 된다.

명을 감정할 때, 만일 기월인 사람을 만나면, 큰 조임을 당하는 면이 있는데, 이는 기월인 사람이 아주 치근덕거리기 때문이며, 여자의 경우에는 더욱 그러하다. 기월인 여자를 맞아들이면 생활이 평안하지 못하며, 다투게 된다.

남명은 언뜻 보기에 기지와 유머가 있고, 마치 햇빛을 쏟아내는 아이 같은 모습이며, 준수하고 멋이 있으며, 따라서 이성과의 연분이 아주 많다. 사람들과의 사귐을 좋아하여 친근하게 굴며, 어린아이 같은 기질이 아주 강하지만, 뒤에 가서 다른 사람의 장단점을 떠벌리는 것을 좋아한다.

여명은 겉보기에 온유하고 여성스러우며, 상당히 자상하고 집안을 잘 돌보며, 늘 집안 일로 걱정이 많다. 생각하는 것이 민감하고, 사람을 다루는 솜씨가 아주 뛰어나다. 그러나, 남자가 한번 말참견을 하게 되면 끝도 없이 잔소리를 늘어놓고, 심심하고 무료하면 사람들을 끌어들여 놀기를 좋아하고, 또한 공연히 시비를 걸기 좋아하니, 사람들이 아주 귀찮게 생각하기 쉽다.

묘유궁의 태음 : 대궁에 천동을 보므로 크게는 동음구조에 속한다.
길성이 가해지면 대궁에 천동의 영향으로 남명은 겁이 없고 대담하며
스케일 또한 크다. 여명 역시 비슷하다. 태음 중에 가장 활동력이 강하고
크게 성공도 하지만, 쌍 화기가 명궁을 충 하거나 살기형모가 중중하거나
동궁하면 두수에서 흉한 꽃뱀구조로 변한다.

태음은 천동과 마주보면, 천동의 영향을 받아, 태음의 내향성과 나태하
고 산만함이 가중되며, 아울러 애정이 충만하고, 로맨틱한 분위기와
꿈결 같은 환상에 가득 찬다. 남명은 대체로 체격이 건장하며 눈이
크고 여명은 그에 비해 외소하다.

더욱이 그 신궁(身宮)이 천동이라면, 즉 태음의 내향성과 정서적
불안정성이 더욱 증가되어, 드라마 같은 허구적인 애정에 대한 환상이
있으며, 로맨틱한 사랑을 꿈꾸고, 낭만에 빠져 현실적이지 못하다. 겉으
로는 침착하고 조용하지만 내심으로는 조급하며, 겁이 많고 현실성이
많이 떨어진다.

묘유궁의 태음은, 일반적으로 남자는 결벽증이 있고, 피부가 희며,
준수하고 총명하며, 마치 샌님 같아 보인다. 여명은 피부가 약간 검은데,
왕지일수록 더 검으며, 용모를 가꾸기 좋아하고, 도화성이 가해지면,
요란하게 머리를 치장하고 몸을 흔들어대면서, 밖에 나가 집으로 들어오
려 하지 않는다.

진술궁의 태음 : 대궁 태양의 영향으로 인해 이중적인 개성을 갖추어,
성정(性情)을 끊임없이 뒤집는데, 일월반배면 더욱 심하고, 게다가 몸이
약하고 내성적이고 말은 별로 없으며 순하면서도 까다로운 성격이다.

남명은 활발하고 외향적이면서도, 고생을 잊지 않고 마음에 묻어두는 성격이라서 한번 눈밖에 벗어나거나 마음에 상처를 입으면 평생 잊지 못한다. 그러나 여명은 외향적이고 움직이기 좋아하며 적막한 것을 참지 못하니, 마치 한필의 고삐가 풀린 야생마 같다.

여명은 주견이 없고, 어린애 티가 많이 나며, 새것을 좋아하고 옛 것을 싫어하기 쉽고, 애정생활이 복잡하다. 주로 총명하고 예의가 있으며 학습능력이 뛰어나다. 공히 남녀모두가 가정에 애착이 많고 결혼생활을 중시한다.

그러나 살기가 충파하면 일에 번민이 많고 사업이 기복이 심하고 도화성을 만나면 인생의 파고가 심하게 흔들린다. 태음이 진술궁에서, 백호나 관부, 천형과 동궁하면 역시 두수에서 흉격으로 돌변하여 관재가 끊이질 않으며 홍란과 천요가 동궁하면, 이는 도화를 억제 하려해도 이성이 달려들고 본인 역시 마음대로 안 되므로 시달림이 많다.

태음에 만일 창곡이 가해지면 창곡이 기질(氣質)을 주관하기 때문에 겉으로 보이는 기질은 좋고 총명하게 보이나, 역시 이것도 임시방편에 해당된다.

사해궁의 태음 : 산뜻하고 개성적이며 사려가 깊다. 외향적이고, 활발하며, 신선한 자극을 쫓아 유흥오락 장소에 돌아다니기 좋아한다.

사궁의 태음은 박력과 의지력이 조금 떨어지고 이성적이지 못하며, 감정이 다른 사람들에게 좌우되기 쉬우며, 우유부단하고 동요가 많다.

해궁은 월랑천문격(月朗天門格)으로 매우 머리회전이 좋고 욕심이 많고 사회활동을 잘한다. 개성적이고 온순하며 성실하기에 주위 사람들이 좋아하는 타입이다.

천이궁의 천기의 영향으로 여명은 좀더 발랄하며 순진해보이고 센스도 있는 편이다. 성격이 약간 급하고, 마음이 아주 연약하며 돌아다니기 좋아하고, 한 곳에 마음을 주지 못하여 은근히 자기자랑을 잘하며, 명품을 좋아하고 멋을 잘 내며, 우유부단하지만 가정에는 책임감이 있다.

태음이 사해궁에 있으면, 천기성이 작용하는 영향을 받기 때문에 불안정해지며, 아울러 천기가 떠돌아다니고 잘 변함으로 인해 대궁에 있는 태음에 영향을 미쳐서, 이것이 끌어내어 밖으로 나가게 하며, 게다가 그 개성이 유유부단해지고, 어디로 가야할지 몰라 의지할 바가 없게 되는 원인이 된다.

태음이 사해궁(巳亥位)에 있으면, 격국으로는 좋지 않다. 원인은 사해 궁의 태음이 좌명하면, 대궁은 반드시 천기이고, 아울러 명(命)이 사마지 (四馬地)에 좌하여 이동한다는 뜻이 되며, 그리하여 비교적 잘 돌아다니 게 되니, 인생 과정이 아주 불안정하다는 것을 나타낸다. 천기·태음이 인·사·신·해면 여명(女命)은 음란하고 비천하다. 이 구절은 창곡중에 특히 문곡을 만나고 도화제성을 만나면 음란하고 비천하다는 뜻이다.

마. 천기天機

천기는 남두성으로 음목(陰木)에 속한다. 천기는 큰 설계도를 가진 삶으로 항상 설계를 하며 골똘히 생각하므로 다른 생각이 안 들어오고 오직 그 생각뿐이다.

그래서, 천기는 계획을 잘 세우며 목표를 위해서 무엇이 필요한지 아닌지를 잘 알고 실천하는 것이다. 설계를 잘하면 순차적으로 일이 잘 진행이 되지만 조금만 틀어져도 엉클어져버려 어디서부터 풀어야 될지 모르는 엉킨 실타래와 같아 머릿속이 엉망이 된다. 이렇게 되면,

불안해지고 초초해지며 소소한 살(煞)에 버티질 못하고 이동수가 빈번해지는 것이다.

또한, 설계가 잘 완성이 되어 안정이 되면 취미생활과 여가를 즐기는데 유흥·천문·역학·종교 등을 찾아 움직이므로 변화가 많은 삶을 대표하는 별이다.

만약, 천기가 호텔에 투숙했는데 화재가 나면, 제일 먼저 빠져나가려 하니 성급하게 서두르다가 지하실로 들어가 갇히는 꼴이 되어 자기 꾀에 자기가 빠져버린다. 인간의 가장 깊은 곳의 정서가 천기에게는 있는 것이다. 또한, 천기는 투자, 투기에도 능해 기회다 생각을 하면 일을 잘 저지르는 특성이 있다.

천기의 조건에서 가장 좋은 것은 묘왕한 태양(太陽)과 화권(化權)이다. 천기는 묘왕한 태양이 가회를 하면 부름을 받거나 쓰임새가 높아지고, 화권을 얻으면 예지력과 일의 판단이 옳아서 주변의 존경을 받는다. 또한 녹존에 화록을 인동하는 대한에 이르면, 천기는 발동이 걸리고 화권이 가회하면, 더욱 좋아서 천하에 대권을 쥘 수 있다.

반대로 화기(化忌)를 만나면 엉키는 실타래와 같아 영원히 풀지도 못하고 스스로 미쳐버린다. 이것을 풀면 저것이 꼬이고 저것을 풀면 이것이 꼬이는 형상이 벌어져 어디서부터 손을 대야하는 가를 알 수 없다. 이렇게 되면 사람상대를 잘 못 하거나 예측이 빗나가 곤경에 처할 수 있고 계획된 일이 틀어지고 손해를 본다. 지공·지겁이나 음살을 만나면 안 좋은 쪽으로 머리를 쓰려한다.

화성·영성이 동궁하거나 삼합에서 가회하면 부질없는 생각에 날밤을 지새우고, 근심걱정이 증가하여 이루는 것이 적고 발전이 없다. 경양과 타라를 만나면, 경쟁상대가 출몰하거나 과거의 일 때문에 현재의 일을 진행을 할 수가 없어 걸림돌이 된다. 음살과 복병을 만나면 명예손상이나 도둑이 드는 것을 방지해야 하고 또한, 이 별들이 인동하면 주위에 반드시 배신자가 생긴다.

천기를 비유해서 강태공이라 하는데, 아래의 글은 고전을 인용하여 볼 수 있다.

이름은 강태공, 원래 이름은 강상(姜尙)이고, 출신은 산동성 황하 유역의 동해 출신으로 중국 남양시에 살았다. 후에 이름은 여상(呂尙) 으로 바뀌었다. 처음에는 고기 장사를 하였는데 좀처럼 안 되었다. 그 후에 소금 장사를 하다가 장마에 모두 소실이 되어 부인에게 의지하며 살다가 주나라의 서 백에게 등용되어 국가 책사로 이름을 날렸다.

주나라 인물로 주왕을 피해 고기장사로 위장을 하며 살았다. 모든 것이 안 되는 태공은 낚시와 부인의 일을 거들면서 살았는데 부인은 나물과 약초를 재배해서 시장에 팔아 연명을 했다. 한날, 부인이 널어놓 은 나물을 비에 젖지 않게 하라고 하면서 밭일을 나갔다. 태공은 여느 때와 마찬가지로, 부인이 일을 하러 가자 낚시 대를 들고 강가로 갔다.

점심 무렵 때 하늘이 어두워지더니 마침내 소나기가 내리기 시작했다. 태공의 머릿속에는 집에 널어놓은 나물은 이미 지워지고 없었다. 집에 돌아온 부인은 나물이 비에 흠뻑 젖은 걸 보고는 탄식을 하며 그길로 보따리를 싸고 친정으로 갔다.

이처럼 천기는 자신이 생각한 것 외에는 머리에 담아두지 못하며 관심이 없다.

천기가 12궁에 있을 때에 성격이다.

자오궁의 천기 : 자오궁의 천기는 역마성이 강한 별로 특히 여명에게 두드러진다. 남명은 약간 여성스러운 구조로, 천기가 창곡·괴월·화과 를 만나면 총명하고 재능이 뛰어나며 재치가 있어 좋고 녹존과 화록을

만나면 일생의 복이 많다.

남명은 생각이 깊은 성격이며, 점잖고 보수적이며, 기모와 계산에 뛰어나고, 어떤 일을 하든지 조용히 있기 좋아하고 목소리를 높이지 않아서, 연구·기술 직업에 적합하다.

부처궁은 태양이어서 본인이 느끼기에 강하기 때문에 아내와도 의사소통이 좋지 못하고, 결혼생활이 대개 만족스럽지 못하다.

천기는 화록과 화기를 만나는 것이 매우 중요한데, 화록이나 녹존을 만나면 성정이 밝고 화려하며 순진하다. 학생 때는 상복이 많고 상사의 도움이나 직장의 운이 좋다. 그러나 천기가 화기(化忌)가 되면, 매우 예민하고 총명해진다.

천기와 염정 모두 올바르기도 하고 사악하기도 한 성좌여서, 바른 길을 가다가도 나쁜 길로 빠지며, 만일 범죄를 저지른다면, 즉 지능형 범죄에 속하고, 만일 천기화기인 사람이 음살(陰煞)이 동궁하면, 나쁜 쪽으로 머리를 쓴다.

만일 천기가 삼방사정에서 길성(吉星)을 만나게 되면, 이 사람이 기모(權謀)에 뛰어나다는 것을 알 수 있으며, 더욱이 기거조합(機巨組合)이면서 만일 기성(忌星)이 동궁하고 음살(陰煞)을 보거나 혹은 살(煞)·기(忌)가 쌓이게 되면, 이 사람은 심보가 바르지 못하고, 부정한 수단을 쓰는 경우가 많다.

천기성이 좋은 쪽으로 향하는 경우는, 깊은 종교사상을 가지며, 만일 나쁜 길로 가서 엉망이 된다면, 지능형 범죄를 저지른다고 볼 수 있다.

천기가 좌명하게 되면 총명하나 마음가짐이 안정되지 못하고, 대궁 거문의 영향으로, 마음속에 늘 남에게 알리고 싶지 않은 일이 있어 표현하기 어렵고, 따라서 내심으로 고독하며, 비록 계교(計較)를 잘 부리기는 해도, 심지(心地)는 선량하다.

여명은 조금 강한 성격이지만 가슴이 설레는 대상을 만나더라도, 표현을 잘하지 못하고 말은 빠른 편이며 개성이 내향적이고 센티멘탈한데, 하는 일은 아주 기지가 있고, 손재주도 뛰어나서 예술성과 감각도 있지만, 대개 일반적으로는 직장인이 많다.

천기는 녹존을 만나면 활동성이 강하여 사방팔방으로 돌아다닌다. 여명에게는 강한별이고 남명에게는 약성의 별이다. 여명은 자궁에 천기가 독좌를 하면 약간은 이기적이고 본인 위주로 생각을 많이 한다. 침착하고 두뇌회전이 빠르고 돈과 명예욕심이 강하다. 천기의 입장에서는 가장 좋은 위치로 거문과는 항상 떨어져서 있어 고생을 덜한다.

남명은 여린 별로 성정이 유약하고 주견이 조금은 약하다. 정신적으로 여리다. 머리회전은 빠르나 순진한 구석이 더 많아 대체로 착하다.

대체로 천기명은 남의 위세를 등에 업고 호령하기에 여명에게는 남편궁의 상황을 특히 주목할 필요가 있다. 자오궁의 여명은 녹존을 만나면 대체로 여우가 호랑이의 위세를 빌려 천하를 호령하는 격으로, 한평생 남편의 권세를 이용한다.

축미궁의 천기 : 축미궁의 천기는 성격이 보수적인 편으로 생각이 깊고 내성적이며, 담소를 나누는 것을 좋아하고, 총명하나 고루하고, 노인과 연분이 있다.

대체로 여명(女命)은 활달하고 남명(男命)은 여성처럼 소심하다.

축궁의 천기는 주관적이고, 지혜가 뛰어나며, 반응이 빠르고, 말하는 것이 매우 달변에다 다투어 이기기 좋아하고 눈앞의 작은 이익을 탐내며, 제멋대로이다. 살기가 가해지면 곧 자극과 스릴을 즐기며 이상한 흥취가 있다. 아동 시기에 더욱 두드러지며, 대한에서 만나도 마찬가지이다.

천기의 홍란, 천희와 같은 도화성(桃花星)이 가해지고, 좌명하게 되면 치장하는 것을 좋아하며, 허영심이 많다. 점차 나이가 들면서 대궁에 불안정한 천량으로 인해 여명이든 남명이든 안정된 삶을 좋아한다.

남명은 더욱 마음이 유약해서 여성처럼 마음의 문을 잘 안 연다. 여명은 성정이 강하고 매사에 머리회전이 빠르며 돈에 대한 집착력이 강하다. 원래 천기는 보좌성 보다 자체의 화권(化權)이나 화과(化科)를 더 중요시 여기는데 그 이유는 천기 자체가 보좌하는 성이기에 보좌성이 그다지 필요가 없다. 축미궁은 특히 화권(化權)이 동조를 해야 인생이 편하다.

인신궁의 천기·태음 : 남녀를 막론하고 부모궁이 약지여서 특별한 경우를 제외하고는 부모의 도움을 받을 수 없다. 남명은 성정이 온화하고 착하고 여명은 강하다. 태음의 영향으로 성취도나 사회적인 지위에 민감하다. 가족에 대한 애정이 강해서 집안을 보살피는 성계로 특히 여명은 피곤한 일생을 살 수 있다.(태음편을 참조하라)

묘유궁의 천기·거문 : 묘유궁의 천기·거문은 유일하게 약지로 천기의 흉이 잘 드러나는 단점이 있다. 시작은 좋아도 종내는 끝이 나쁘게 풀리는 특성으로, 인생이 고달파진다. 천기(강태공)와 거문(마천금)이 함께 동궁한 별로, 마천금과 있을 때에 천기는 직업이 없었다. 고로 두 별이 동궁하면 직업적으로 고난이 많다는 뜻이다.

만약, 직업이 안정이 되려면 부처궁을 잘 살펴야 하고, 도화의 별이 조금이라도 비추면 바람피우기가 십상이다. 부모궁도 약지라서 부모의 은덕이 적다. 말년에는 부모가 본인에게 의지해야 되는 상황까지 갈 수 있다.

천기는 화기(化忌)가 두렵고 거문은 경양과 화성·영성이 두려워,

이 성계에 화기(化忌)가 충 하면 매우 폐쇄적으로 변하는 특성이 있다. 성정은 온화하고 할 말은 차분히 다하는 스타일로 주로 관운이 적은 것이 특성이다. 무곡처럼 남명은 집안을 책임지기도 한다.

진술궁의 천기·천량 : 진술궁의 천기·천량은 일단 진궁이 밝고 술궁은 어둡다. 성정은 어두운 것을 싫어하고 밝은 것을 좋아하며 천량으로 인해 인생이 바람처럼 흔들리는 경향이 있다.

환상을 좋아하고 감각은 좋으나 인생이 불안정한 까닭에, 안정되고 지속적으로 자신에 목표를 위해 매진해야 한다. 여명보다는 남명이 성격이 까다로운 경향이 있다.

사해궁의 천기 : 사해궁의 천기는 예술성이 있고 머리가 총명하며, 공부하는 학습능력이 뛰어나고 머리회전이 빠르다. 대부분 살이 없고 야윈 편이며, 말할때에는 약간 인상을 쓰며 말을 한다.

총명하고 예의가 바르며 쾌활하고, 태음의 영향으로 재물에 관심이 많아서 투자·투기성이 있다. 사해궁의 천기는 태음과는 대궁에 있어 인신궁의 기월보다는 좋은 조건이다. 이 구조는 남명은 가정을 주관하고 여명은 전택을 주관하는 것이 특성이다. 태음 자체로는 전택을 주관하기도 하지만 투기로 이어지는 경우가 종종 있다.

천기는 인신(寅申)에서 태음과 동궁하고, 사해(巳亥)에서는 독좌를 한다.

동성(動星)인 천기가 동지(動地)에 들어가 좌명하게 되면, 반드시 활동성이 강하거나 타향에서 떠돌게 되며, 일생 환경의 변동이 큰 편이어서, 연예계에 종사하거나 항공운수 업자들이 많다.

천기가 사해(巳亥)인 사람은 돌아다니기 좋아하며, 짝수 달에 태어난 사람은 천마(天馬)가 조(照)하게 되므로 전형적인 야생마여서, 일이 항상 생기고 일이 없어도 구실을 찾아 밖으로 나가게 된다.

특히 살성이 조금이라도 가하면 을년생 외에는, 성격이 변덕스럽고, 매사에 잔꾀를 잘 부리며, 이기심이 아주 강하고, 천지사방에 같이 놀고 마시는 친구가 아주 많으며, 떠들썩하게 놀기 좋아하고, 낙천적이고 외향적이다.

천기는 사해궁에서 대궁이 태음(太陰)이 되며, 따라서 늘 변동하려하고, 외부의 유혹을 받기 쉬우며, 허영심이 많고, 겉모습을 중시하며 아첨을 잘하고, 일생 명예와 이익을 추구하며, 가정과 혈육, 친척과 대립하는데 여명(女命)은 특히 이러한 것을 피하기 어렵다.

이 같은 사람은 두뇌가 아주 총명하나, 살(煞)이 가해지면 그의 재주와 지혜를 정당하지 못한 용도에 써서 안타깝게도 사악하고 왜곡된 길로 갈 우려가 있고, 게다가 도둑질이나 나쁜 취향을 갖게 되어 아울러 형제에게 불리하고 어려서는 형(刑)을 당하고 늙어서는 고독해지는 등의 결점이 있으며, 더하여 알 수 없는 병으로 고생하는데, 계년생인은 질액궁 자오(子午)에 화기(化忌)가 떨어지게 되면 더욱 두드러진다.

바. 무곡武曲

무곡은 북두의 제6성으로 음금(陰金)에 속한다.

무곡은 순박하면서 솔직한 성계로 정신력이 강하고 한번 마음을 먹으면 반드시 하는 성격이다. 사람에게 이용당하는 것을 매우 싫어하며, 추구하는 일이 안되거나 더디게 되면 정신적으로 매우 불안한 증세를 보인다.

무곡은 환상적이고 순진하며 고집불통이다. 가령, 무곡의 여명이 의사 남편을 얻는다면, 그녀의 남편은 첫째로는 돈을 잘 벌어야 하고, 둘째는 환자를 잘 치료해야 하며 의사로서의 품격도 있어야 한다고 생각한다. 무곡은 자기만의 확실한 규정을 정하고 생각하지만, 어찌 세상 일이 자기 뜻대로만 순탄하게 갈수 있겠는가.

그러므로 아무리 의사라 하여도 고생할 때가 있을 것인데, 무곡의 여명은 그것을 이해하기 힘들어서 남편을 보면 후라이팬에 콩 볶듯이 달달 볶아댄다. 그러므로 무곡의 여명을 아내로 맞으려면 항상 솔직해야 하고, 자신의 위치와 상황 보다 한 단계 아래로 이야기 하는 것이 결혼생활에 보험을 들어놓는 것이다. 한마디로 무곡에게는 환상을 주면 안 된다.

또한, 무곡의 부인이 근사한 밥상을 차려주면, 그녀는 잠자리에서 반드시 남편에게 보상을 받으려고 하는 것이지 단지 밥으로만 끝나는 것이 아니다. 두수에서 부부관계를 중시하는 성계 중에 무곡과 천부가 있는데, 이중 무곡은 부부간의 성적인 만족에서 비롯되는 것이고, 천부는 다산이란 의미를 두고 한 말이다.

무곡은 약속 어기는 것을 매우 싫어하여 규정이나 틀이 깨지는 걸 싫어한다. 한번 배신을 당하면 다시는 그 사람과 보지 않는다.

무곡은 녹존이나 화록이 인동하면 주변의 압박이 심해지고 남들로부터 견제나 탈취가 심해져 심지어 가까운 육친으로부터 심한고통을 받는다. 또한, 고극의 성질은 줄어들고 정신력·재력·권력이 강해지지만 녹존이 동궁하면 이기적인 모습을 보이거나 이중적인 성향을 띤다.

화권(化權)은 무곡(武曲)에 강렬하고 보수적인 성향을 짙게 만들어, 전문적인 일에 매진을 하거나, 지키고 안정시키는데 역량이 있다고 할 수 있다.

무곡이 지공(地空)·지겁(地劫)이나 공성(空星)을 만나면 아이디어가 좋고 위인이 착하고 남에게 배려를 잘한다.

무곡이 가장 두려워하는 것은 영성(鈴星)이고 다음이 화성(火星)인데 이는 약탈·투쟁·사람과의 이익다툼·이용당함·배신 등을 의미한다. 무곡은 경양(擎羊)과 타라(陀羅) 중에서 타라를 무서워하는데, 영성과 비슷한 조건으로 영성과 타라와 무곡이 결합하면 무곡 성계 중 가장 흉한 일-배신·이용·사기 등이 일어난다.

무곡은 이처럼 강렬하기 때문에 자칫 큰 사단이 벌어질 소지가 많은데, 이것을 해소 시키는 성계로는 문창(文昌)과 문곡(文曲)이 있다. 다만 동궁하면 성정이 우유부단해지고 주견이 약해지는 것이 특징이다, 다음으로는 천부의 기질이 무곡에 영향을 주는데 무곡·천부가 동궁하면 더욱 좋다. 다음이 녹(祿)이나 녹존(祿存)이다.

녹(祿)은 무곡에게는 힘의 원천이 되지만 녹존(祿存)은 반드시 양타 협으로 무곡에게는 부담이 된다. 그래서 녹존(祿存)과는 삼합으로 만나는 것을 제1격으로 친다.

무곡이 자오궁 : 천부와 동궁 하여 성정이 부드럽고 착하지만, 하는 일에 따라서 본인이 좋아하는 일은 아주 적극적이고, 그렇지 않으면 보통은 흥미를 자주 잃는다. (천부 편을 참조하라)

부부궁에 파군(破軍)이 존재하여 다툼이 많은 형국이고 자녀궁 역시 무곡이 싫어하는 거문이 존재하여 자녀 또는 부하직원들과의 마찰은 피하기 어렵다.

축미궁의 무곡·탐랑 : 성정은 친화력이 있어 주위에 사람들이 항상 있고 착하지만 속으로 계산을 잘하며 욕심도 많다. 화권(化權)이 동궁하면 부지런하고 성실하며 길성이 없으면 게으르며 나태하다.

무곡·탐랑이 화록(化祿)이나 녹존(祿存)을 보거나 동궁하면 구두쇠이며 인색하고 근검하며 옹졸하지만, 친구에게는 의리가 있고, 어른들을 잘 따르며 가정에 화합을 중시하는 맏형 스타일이다. 그러나 먹고 놀기를 좋아하여 돈이 남아나질 않는다.

그러나, 살기(煞忌)를 보거나 동궁하면, 쓸데없는 정에 이끌리거나 잔정이 심해 남는 돈이 없다.

무탐인 사람은 겁이 많은 편으로, 사업으로 얘기하자면 망하기 싫어서 투자를 해서, 손해를 본다면 서둘러 회수를 한다. 또한, 탐랑의 영향으로 사업에 기복이 심한데, 크게 성공하더라도 오래 버티지 못하고, 몇 년 지나지 않아 다시 원상태로 돌아가서, 항상 그 안을 떠돌게 된다.

그러나 무탐인 사람이 안정적인 이유는, 망하는 것을 두려워하므로, 자연히 크게 몰락하지는 않는다. 무탐이 명궁(命宮)에 좌하는 것이 신궁(身宮)에 좌하는 것보다 좋은데, 신궁이 무탐이면 이 사람은 평생 아주 난감한 일이 생기지만, 명궁에 무탐이 좌하면 반대로 이와 같은 일은 없다.

부처궁은 자미·칠살과 천부로 그릇이 크고 개혁적이며 진취적이고 돈과 명예를 상당히 좋아한다. 이중에 자미·칠살은 개방적이고 책임감이 강하며 호탕하지만, 속으로는 상당히 계산적이며 이기적이다. 천부는 개혁적이긴 해도 개방적이지 않고 활달하거나 진취성은 없다.

부모궁은 인신궁에 태양·거문으로 무탐으로는 궁합이 안맞는다. 즉, 부모궁은 직장궁위이기도 하여서 직장을 오래 다니기가 힘들다는 뜻이기도 하고, 부모와 사이가 안좋거나 이별수가 있어 오래 떨어져 살 수가 있는 것이다.

인신궁의 무곡·천상 : 돈 버는 것을 좋아하고 사업을 중시하며,

열심히 활동하는데 대중적인 복무성향도 있다. 성정은 세심하고 성실하며 총명하고 기예가 있으며, 전문적 기술 배우기를 좋아한다. 창곡을 만나면 총명하고, 보필이 가해지면 사회적 능력이 증가한다.

성정은 과묵하고 말을 조리 있게 잘하며 사람과 교류 하는 것을 좋아한다. 천상의 영향으로 싫어하는 사람과는 교류하기 힘들고 무곡의 영향으로 조금 센스가 부족한 것이 특징이다. 또한, 관록궁이 자미인 까닭에 고생을 심하게 하는 수가 있어 개인적으로 사업을 할 때에는 막연히 될 것이라고 생각하면 안 되고 시장성을 철저히 따져야 할 것이다.

남명은 내성적이고 말이 없으며, 일을 할 때는 진지하고 열심이고, 가정에서는 봉사하며 기술직을 선호하는 경향이 있다.

여명은 부관선이 자미와 탐랑으로 종사하는 직업이 대부분 고상하다. 멋 내기를 좋아하며 외모를 중시하고, 화장을 진하게 하는 경향이 있다. 성격상 고집이 있고 호쾌하며, 의지가 강하고 담백하면서도 온유한 이중적인 개성이 있다.

남녀 모두 신궁(身宮)이 살파랑에 떨어지거나 혹은 도화성이 가해지는 것은 좋지 않다. 그렇게 되면 행운(行運)이 좋지 않을 때 유흥가로 가기 쉽다.

인신궁의 무곡·천상은 자전선이 천기·태음 조합으로 자전선이 흉한데, 이는 기질적으로 서로 맞지 않는다. 무곡·천상의 특징은 일이 끝나거나 어느 정도 진행 될 때에 보수를 받는 것이 특징이고, 기월은 하기 전에 정하는 것이 특징이므로, 두 구조는 성격이 다르다. 그러므로 무상은 자전선으로 인해 고생을 할 수가 있다. 즉 4대한에 가면 대한의 흐름이 인생의 성공과 실패를 판단 할 수 있다.

진술궁의 무곡 : 남명은 소탈하고 솔직하며 신용과 의리를 중시하고, 한번 뱉은 말은 책임을 지며 일생 가족과 집안을 위해 정신없이 바쁘고, 술을 즐기며, 욕심이 많고 말을 많이 한다.

여명은 보수적이고, 신용을 중시하며, 직무에 충실하고, 사람들과의 연분이 좋지만, 결혼생활에 불리하며, 작은 일에도 기뻐하며 시비를 가리고, 가정과 사업에 여념이 없으며, 잠시도 쉴 틈이 없다.

대체로 진술궁의 무곡은 "쉽게 주고 어렵게 받는다."는 뜻으로 사람을 쉽게 믿어서는 안 되고 적당한 거리를 두는 것이 좋다. 또한, 고집과 집착이 강하여 주변을 힘들게 한다. 또한, 부관선이 칠살 이므로 주로 제멋대로라 잡으려 해도 잡히질 않는다.

무곡이 진술궁이면, 반드시 한차례 시련이 온 후에 성공하는데, 이는 천라지망 때문이다. 그리고 신궁에 따라서 명궁의 성격이 틀려지므로 신궁(身宮)이 아주 중요한데, 가령 신궁(身宮)이 파군이면, 무파(武破)와 비슷한 부류이기도 하다. 만일 신궁(身宮)이 칠살 이면, 이는 무살(武殺)이나 마찬가지이다. 만일 신궁이 탐랑 이면, 이는 무탐(武貪)이 된다.

사해궁의 무곡 · 파군 : 반드시 파군과 동궁하여, 재물이 소모되기 쉽다. 이는 무곡성계의 조합 중에서 가장 불리한 조합으로, 무파(武破)가 좌명하면 눈이 가늘고 작으며, 편견과 고집이 있고, 또한 정서적 변화가 많아, 기분이 틀어지면 화를 내고, 사람을 질책하기 시작하면 아무 말이나 마구 퍼붓고, 체면이고 무엇이고 가리지 않으며, 허황된 면이 아주 많다.

명궁에 있으면 일하는 태도가 원칙이 없는 편이며, 사람을 의심하고 육친을 멀리한다.

길성이 가회하거나 녹존과 녹이 있으면 매우 정확하고 원칙적이며 성실하다. 사해궁의 무파는 창조적이거나 혁신적인 일에 아주 재능이 두드러지고 기술계통도 매우 좋다. 파군은 신궁(身宮)이 천부여야 비로소 해액(解厄)이 되는데, 천부는 파군을 견제할 수 있고, 천상은 염정을 견제할 수 있기 때문이다.

무파(武破)를 화해할 수 있는 것은 오직 세 가지로써, 첫째는 신궁(身宮)의 천부이고, 둘째는 녹존(祿存)을 보는 것이며, 셋째는 절공·지공·지겁을 만나는 것으로, 무곡은 금성으로 공성을 만나면 이름이 드러나고 파군은 공성을 만나면 절제를 한다.

신궁(身宮)이 천부인 사람은, 이 천부가 녹존을 만나야 비로소 파군을 견제할 역량을 가지며, 이 천부가 녹(祿)을 만나면, 자본개념을 갖게 되고, 어느 정도 신중해지게 된다.

사해궁의 무파(武破)는 한 가지 특징이 있는데, 어떤 일을 할 때 사람들과 합작하는 것을 좋아한다. 사해궁의 무파는, 노복궁이 반드시 거문이니, 결국에 가서는 합작으로 인해 고민거리가 많아지거나, 서로 치고받아서 고소를 하게 되므로 결국 끝이 안 좋게 풀린다.

사해궁의 무파는, 부모궁이 태양으로, 이러한 명격은, 돈쓰는 것이 아주 거리낌이 없고 시원시원한데, 부모궁이 왕지의 태양이고, 전택궁이 기월(機陰)이므로, 가정환경이 좋고, 따라서 무파는 부모의 지원을 받는다.

파군이 만일 해궁이면, 즉 윗대의 부모가 전혀 돈을 물려주지 않는다. 남명은 겉으로 보기에 우직하면서도 약간 건들건들 해보이고 어느 정도 인정과 의리가 있으며, 투기나 모험적인 일을 좋아하고 말을 하기만 하면 습관적으로 욕이 나온다. 여명은 남성 같은 모습으로서, 호쾌하고 체면을 중시하며, 개성 있게 사는 편이다. 어떤 것에도 구애는 받지 않는다.

사. 천상天相

천상은 남두의 제2성으로 양수(陽水)에 속한다.

천상의 기본적인 성정은 틀과 안정이다. 규정과 모범, 정의를 기본으로 하는 천상은 그것을 깨거나 어기는 것을 아주 싫어해서 속칭 모범생 구조이다.

천상은 틀이나 규정을 깨는 것을 아주 싫어해서 사장이라도 변덕이 심한 사람을 싫어하고 또한 무모하게 일을 추진하는 것을 반대하며, 또 하나의 특성은 선입관이 심하고 편애를 한다는 것이다. 자신이 좋아하는 사람은 죽어라 좋아하고, 한번 싫으면 번복이 잘 안되기에 대인관계의 문제가 있다.

복덕궁에 칠살이 존재하는데, 일 벌이기를 좋아하고 무대포 정신으로 무장을 하고 있다. 천상은 안정과 틀을 추구하는데 칠살은 이것을 아주 쉽게 깨고 무시한다. 이렇게 되면 한 가지 일이 아니라 칠살이 벌여놓은 일을 처리해야 하므로 고생스럽다.

천상은 맡은 일의 전문가이지, 명령한 일을 다재다능하게 처리하는 팔방미인이 아니란 뜻이다.

또한, 천상은 모범과 정의를 표방하는 성계로, 어린아이부터 노인까지 모든 연령층 에 정도(正道)를 이야기하기 때문에 인정을 받는다. 그러나 천상이 조건이 나빠지면, 항상 잔소리로 일관하고 고지식하며 자기생각만 가득하여 주위에 너그럽지 못하여 주변 사람들이 상대하기가 힘들어 한다.

천상은 두수에서 협(양쪽에 있는 궁원에 별)을 보는 성계로 두 가지 종류가 있는데 양협상모 (兩夾相侮 - 양쪽 옆에서 무시 하는 것). 좌우봉원

(左右逢源 - 좌우에서 돕는 것)이 있다.

양협상모는 양쪽 궁에 있는 별자리인 거문의 화기와 천량의 경양이 입명하는 것으로 아주 흉하다. 거문의 화기(化忌)가 인동하면 남을 믿지 않고 질투가 강해지고 고집이 세며 예전의 나쁜 기억을 잊지 못하여 잔소리가 많아지고, 천량의 경양이 들어오면 남의 단점을 잘보고 깐깐해지며 성질을 참지 못해서 폭발하는 격이다.

양협상모의 천상은 깐깐하고 고집이 강하며 성질이 자기 멋대로 이고, 사람을 안 믿는다.

좌우봉원은 거문에 화록(化祿)과 천량의 음덕(陰德)이 합친 것으로 약속이나 신용이 아주 좋고 일의 추진력이나 사교성이 매우 증가 된다. 위인이 후중하고 선심이 있어 어려운 일을 잘 떠맡아 처리하여 사람들에게 존경을 받는다.

이외에 천상이 가장 반기는 것은 천괴(天魁)·천월(天鉞)이고, 다음이 창곡(昌曲)과 보필(輔弼)이다. 가장 싫어하는 것은 화성·영성으로 사람과 다툼이 심해지고 횡파가 심해 안정을 도모하기 어렵고, 무곡화기나 염정화기가 동궁하면 기예나 기술직으로 입신한다.

자오궁의 염정·천상 : 머리가 총명하고 인내심이 강하며 호기심이 많고 유머감각도 있으며 은근히 욕심이 많고 집중력이 강하다.

염정은 악하기도 하고 선하기도 한 이중적인 속성을 지니고 있기에 천상의 선성으로 제어가 되지만, 천상이 화성(火星)·영성(鈴星)·형기 협인을 만나거나 만약 대한에서 염정에게 동화가 되면, 의심이 많아지고 사사로이 이득을 취하려하고 투기나 요행심이 많아져 폭발·폭패를 한다.

염상의 조건은, 자궁에 있으면 더 좋은데 이는 천상의 수성(水星)이 염정의 화(火)를 제압하기 때문이다. 하지만 자궁에 들어가면 도화가 증가하고 육친이 불미한 특성이 있어 고독해지는 것이 특징이고, 오궁의 염상은 의약, 법률에 관계한 일을 좋아하지만, 부처궁의 탐랑이 진궁(辰 宮)에 입명하여 자기 멋대로 인 경우가 생긴다.

축미궁의 천상 : 천괴(天魁)・천월(天鉞)과 녹존이 가해지면 온유하고 점잖으며, 주변을 도울 때는 열성적으로 도와주며 성실하고 신용을 중시하고 약속을 잘 지킨다.

살기형모가 침범하면 선입관이 강하여 좋아하는 사람은 아주 좋아하고 싫어하는 사람은 뼛속까지 싫어하고 잔소리가 심한데, 남들에게는 신용을 지키라 하면서 정작 자신은 신용을 지키지 않는다.

또한, 매우 성격이 까다롭고 파군의 영향으로 일을 수시로 뒤집어 버리는 성향이 있다. 특히 여명의 천상은 좋지 않아서 감정상 매우 복잡한 경우가 많다. 남녀를 불문하고 모두 입맛이 까다롭고, 옷 입는 것도 까다로우며, 잠자리를 가리는 특성이 있다.

(인신궁의 무곡・천상은 무곡 편을 참조하라.)

묘유궁의 천상 : 성격은 정확한 것을 좋아하고 불의를 보면 참지 못하며 분개하는 특성이 있다. 대체로 모범생의 구조로 성실하며 매사에 열심이고 부지런한 것이 특성이지만, 남의 일에 참견을 하여 매사에 이래라, 저래라 하는데, 그것을 못하면 폭발하는 성격이 있다.

대궁에는 염정・파군이 있어 염정의 영향으로 예민할 뿐 아니라, 사납기도 하며 또한 총명하기도 한다. 매사에 욕심이 있으며 좋고 싫음이 너무 분명하여, 한번 성격이 드러나면 극단적인 것이 특징이다.

부처궁은 무곡・탐랑 으로 느리고 무딘 성격이고 흑백논리가 정확하지 않아서, 모범과 규율을 좋아하는 천상으로는 무·탐의 부정확한 것을 참지 못하기에 부처나 직장, 학교생활이 힘들게 되어 있다.

천상이 자살(紫殺)이나 무곡·탐랑 대한을 지나갈 때 큰 파절이 일어나기 쉽고, 더욱이 병(丙), 임년(壬年)생 이면 더욱 현저하다.

경(庚), 신년(辛年)생 경우는 인감도장이나 유가증권, 수표, 보증을 서는 일에 반드시 문제가 생기지 않게 주의하여야 하며, 신궁(身宮)이 또한 염파(廉破)에 거하지 않아야 하는데, 그렇지 않으면 일생 틀림없이 파절이 크며, 천부(天府)와 같이 명(命), 신(身)이 나누어 거해야 좋으니, 중년 이후에는 발달하게 된다.

사해궁의 천상 : 개성적이고 의리가 있으며 친구나 뜻이 통하는 사람을 좋아하며 재예가 출중하고 손재주가 있으며 머리가 비상하다. 사해궁의 천상은 함지와 평지에 있어서 단점도 증가하는데, 대궁에 무곡·파군의 거센 파워에 눌리는 경향이 있다. 특히, 파군은 없애고 재창조를 하기에, 천상의 특기인 지속력을 많이 약화 시킨다.

이렇게 될 때에, 한 번 기회를 상실하면 다시 오지 않거나 실패 후에 다시 재기하기가 무척 힘들어 문제가 심각해진다. 그렇기에 인생의 낙폭이 커지는 경향이 있다. 가령, 공부는 잘했지만, 수능을 망쳐 재시험을 보았는데, 점점 성적이 떨어지는 경우이거나, 대기업에 다니다가 후에 이직을 하면서 점점 중소기업으로 떨어지는 경우 등이 이런 경우이다.

아. 탐랑貪狼

북두의 제1성으로 양목(陽木)에 속하고 기(氣)는 수(水)이다. 탐랑의 화기(化氣)는 도화이며 욕망이다. 탐랑은 외부의 불편함에서 자유를 의미한다. 불편함이란, 어릴 때는 부모에게서의 자유, 가난함에서의 자유, 결혼 후에는 부처의 속박에서의 자유 등 이런 기본적인 속박에서의 자유로움이다.

탐랑은 대표적인 두 가지 성격이 있는데 명궁(命宮)이 탐랑이고 다시 신궁(身宮)이 살·파·랑이면 패도의 명으로 길성이 가화하지 않으면 주로 자기 멋 대로이다. 그러나 단지, 탐랑이 명궁에 있으면 사람의 눈치를 보고 소심하며 비교 당하는 것을 매우 싫어하며 대중 앞에 나서기를 꺼린다.

속박에서 벗어나면 탐랑은 자기 멋 대로이고 하고 싶은 대로 한다. 자유롭게 살기위해 필요한 것은 돈이므로 물욕이 심하다. 또한, 욕망이 강한 구조로 해보고 싶은 것에 대한 집착도 심하다. 이러한 성질은 복덕궁에 천상이 있어, 틀이나 규정이라 생각하면 매우 답답하게 느껴지기 때문이다.

그래서 탐랑은 속박이나 틀을 적당히 깨주거나 없애주면 재주꾼으로 변하며, 다재다능하게 변모하여 목표를 위해 저돌적으로 전진하고 쟁취한다. 하지만 부모나 사회에는 규정이나 틀이 항상 존재하기 때문에 성공하기란 쉽지 않고 또 성공한다 하여도 폭발·폭패가 기본이라 쉽게 무너진다. 만약, 성공을 하게 되면 그 상태를 유지해야 하지만, 틀이란 테두리를 본인이 답답해하기 때문에 스스로 깨버린다.

탐랑은 일을 함에 있어서 자신의 성격이나 취향에 맞거나, 일이 끝나면 여흥을 즐길 수 있는 오락거리가 있어야한다. 이도 저도 아니면 자기 멋대로 행동하거나 포기하여 나타해지기 십상이다. 탐랑의 정서에는 일한 후에 그만큼의 여유를 즐기려는 특성이 있고, 일 자체도 효과가 크거나 단기적 성과를 내는 일에 강하다.

화성(火星)·영성(鈴星)은 탐랑 에게 좋은 작용을 하는데 왕지의 화성

·영성은 섬광 같은 아이디어나 순간적이 포착능력을 대변하는 별이다. 화성·영성이 함지이면 "미련하고 둔하다"라는 표현을 쓰는데, 왕지의 화성·영성은 탐랑에 필요한 순간 재치력 이나 사교성을 증가시키고 판단을 빠르게 해주는 보좌성에 해당한다. 화·령은 탐랑의 성공 할 수 있는 원천이지만, 그만큼 물욕을 증가시키는 흉성도 된다. 탐랑은 모든 일에 개인적인 이익을 추구하기에 계교적이고 책략을 잘 쓴다.

탐랑은 물욕과 정욕을 구분해야 하는데 기준은 다음과 같다.

물욕은 자·오·묘·유궁에 있고 생년 띠가 인·오·술생은 오궁의 명궁·신·자·진생은 자궁의 명궁·해·묘·미생은 묘궁의 명궁이면 제1격으로, 이기적이고 사리사욕의 대표이며 책략적이고 남을 잘 속인다.

위 생년을 제외한 명궁이 자·오·묘·유궁의 탐랑은 물욕이 심해, 야망 구조이긴 해도 그렇게 강하지는 않다. 한마디로 자·오·묘·유궁 의 탐랑은 유심히 볼 필요가 있다.

탐랑의 정욕을 증가시키는 별로는 염정이 있는데, 천요나 함지를 동반하면 몸을 함부로 더럽히고 주위의 유혹에 잘 넘어가서 도화로 구설, 시비가 중중하고 경양과 타라가 동궁하면 마음의 교류가 없고 부부간의 정이 깊지 않아서 바람이 날 소지가 다분히 있다. 이것을 해소 시키는 방법은 천형(天刑)과 공성(空星)을 보면 화해가 되는데, 도가에서는 수련을 통해 욕정을 가다듬어야한다.

탐랑은 인·신·사·해궁의 역마궁위를 별로 좋아하지 않고 타라와 동궁하면 더욱 흉해 자칫 나타하고 방탕하여 인생을 자기 멋대로 행동한 다. 탐랑은 녹존이나 화록을 좋아하긴 해도 동궁하면 이기심과 물욕이 강해 더욱 남을 이용하거나 간사해진다. 이때는 화성·영성과 보좌성의 도움이 반드시 필요하다.

자오궁의 탐랑 : 성격이 강하고 매사에 자기주장을 펼치며 대중 앞에 나서기를 좋아한다. 길성과 녹존이 가회하면 계획이 많아지고 마음에 계책이 있으며 사리에 밝고 머리가 총명하며 품은 뜻이 원대하다. 타향에서 귀인의 도움을 받을 수 있어 좋고, 주변 사람들을 모으는 재주가 있다.

살기형모를 만나면 남의 의견을 무시하고 매사에 자기주장만 펼치고, 자신이 조금이라도 이루는 일이 있게 되면 마치 큰일을 해낸 것처럼 자신만만해지며 남의 성과는 하찮게 생각한다. 또한, 입으로는 공명정대를 외치지만 실상 그렇게 되지 않으며 사리사욕을 좋아한다.

흡연, 도박, 주색에 습성이 있고 만일 보필·창곡·홍란·천요가 가해지면 도화성이 가중되고, 대한이나 유년에 다시 도화성을 화록(化祿)이나 화기(化忌)로 충 하면 색으로 구설이 증가 한다

오궁(午宮)의 탐랑은 양목(陽木)이 음화(陰火)를 만나서 목화통명(木火通明)의 격국이 되므로, 신궁만 좋으면 대국을 형성 할 수 있고 녹존이나 화, 영중 하나만 만나도 재관이 폭발적으로 발달한다.

또한, 살기형모가 동궁 하는 탐랑은 매우 조심해야 하는데 자칫 본인의 욕심이 끝이 없어 허황된 꿈을 꾸거나 이루지 못할 일을 계속하는 환상을 갖는다.

(축미궁의 무곡·탐랑은 무곡편을 참조하라)

인신궁의 탐랑 : 인신궁의 탐랑은 총명하고 임기응변에 능하며 성급하고 잔머리를 잘쓴다. 겉으로는 강하나 속으로 여린 성격으로 소심한 편이다. 특히, 공겁을 만나면 더욱 그러한다. 대체로 부모궁이 천기·거문이라 별로 좋은 것이 없다.

착하고 말솜씨가 좋으나, 살기(煞忌)와 동궁하면 일을 하는 것은

허황되며, 투기를 잘하고 교활한 수단을 쓰며, 착실하지 못하고, 게다가 술과 여자에게 빠져 산다. 대체로 상처를 받으면 마음에 두는 성질과 자기 멋대로 하는 성질이 있는데 신궁(身宮)이 다시 살·파·랑이면 거의 자기 멋대로 이다.

천이궁의 염정이 화기(化忌)와 동궁하고 화령을 보면 정신병이 나며, 녹존과 동궁하고 화령을 보면 매우 길하여 대격을 이룬다.

보좌성을 많이 보면 직업적으로 안정 할 수 있어 좋지만, 그래도 녹존과 화령 보다는 떨어진다. 여명은 사람들과의 연분이 아주 좋고, 어릴 때는 화장을 거의 하지 않으나, 나이가 들면 더욱 진하게 화장을 하며, 의상이 산뜻하고 섹시하며, 만일 명이 인궁에 좌하면 곧 사고방식과 태도가 전위적이고 독립적이며, 야심이 아주 크고, 똑똑하고 재능이 있는 참모형의 인재가 되지만, 그러나 만일 신궁이면 즉 여러 가지 천한 직업을 전전한다.

진술궁의 탐랑 : 살기형모를 만나면 성격이 강하고 잘난 체를 잘하며 허풍이 있고 성욕이 강한편이다.

진술궁은 천라(天羅)·지망(地網)(천라지망 하늘과 땅에 그물: 이상은 높고 현실이 작으며 기술이 있어도 펼치지 못하고 사람에게 억압을 하거나 받는 것, 사람에게 잘 속거나 속이는 것) 으로 현실성이 적고 도박, 음주, 투기를 좋아하며 허풍이 많고 말하는 것에 신뢰가 없으며, 마음가짐이 성실하지 못하고 조금이라도 이루는 것이 있으면 굉장히 잘한 것처럼 떠들어대며 자랑한다. 이러한 특성은 진궁에서 두드러지고 술궁(戌宮)에서는 자제력이 생기어 특성이 감소한다.

진술궁의 탐랑은, 부모궁이 거문으로 매우 엄격하며, 또한 부모궁은 직장 궁위로, 하는 일이나 직장에서 까다로운 상사를 만나기도 한다.

부처궁은 자미·천부로, 녹존이나 보좌성을 보지 않으면, 겉만 보고 결혼하는 것과 다름없어 결혼 후에 후회하게 된다.

사해궁의 염정·탐랑 : 말재주와 순발력이 있으며 순간 판단력이 출중하지만, 자칫 탄로 날 거짓말도 잘한다. 염·탐은 신궁(身宮)의 위치가 매우 중요한데 신궁(身宮)이 천부(天府)·천상(天相)에 있어야 염탐의 흉의를 제어를 할 수가 있다.

사해궁의 염정·탐랑은 염정의 영향으로 화·령이 들어오면 정서적으로 매우 불안해지고 매우 어두워져서 자신을 비관하거나 심리가 불안해지고 심지어 우울증이 증가하여 자살생각도 많이 한다.

사해궁의 염·탐은 남녀 모두 예의가 바르고 공손하며 천사 같은 표정에 사람을 홀릴 듯 하는 몸매이고, 부드러운 목소리에, 도발적인 자태이니, 사람들이 그 유혹에 빠지고, 창곡(昌曲)·화록(化祿)·화기(化忌)를 만나면 감정이 매우 복잡하여 스스로 감정조절이 안 된다.

만일 공(空)이 와서 공조(拱照)하지 않는다면, 남자의 경우는 아주 준수하고, 여자의 경우는 용모가 뛰어나니, 염탐(廉貪)은 바로 불여우 같은 격국이 되며 특히 문곡을 만나면 더욱 그러하다. 염탐이 만일 공겁(空劫)을 만나게 되면 용모가 아주 못생기게 되니, 이렇게 되면 불여우가 되지 않는다.

자. 염정廉貞

염정은 북두의 제5성으로 음수(陰水)·음화(陰火)에 속한다.

천부성계의 세 번째로 자존감이 강하고 예의범절이 있으며, 자비롭고 공명정대하며 실천력이 강한별이다. 신념이 강하고 집중력이 뛰어나서 무슨 일을 하든지 집중하여 그 일을 이루려는 구도심 역시 14정성 중 가장 강하다.

의심과 결벽증세가 있어 겉으로는 사람과 친하나 속으로는 믿지 않으며 또한, 쓸데없는 동정심이 있어 누가 매달리면 우쭐하여 도와주다 오히려 화를 당한다. 염정은 돈과 명예에 대한 감각이나 욕심은 14정성중 제일 많지만 돈을 벌면 관리를 잘해야 한다.

성격이 강한 염정은 대쪽 같아서 타협을 모르고 신념이 강하며 목표를 향해 돌진하는 무 대포 정신을 가지고 있다. 원래 염정성은 감투와 명예를 좋아하며 남의 말을 따르지 않는 성격이 있 다른 사람들이 와서 모셔가지 않으면 스스로 찾아다니는데, 다만, 직위나 급여가 많지 않으면 움직이질 않는다.

또한, 염정성은 업무 능력이 아주 강하고, 혼자서 일을 감당하는 면이 있으며, 노력을 많이 하고 최선을 다하는 집중력도 대단하다. 또한 복덕궁의 파군이 있어, 집안 식구들이 일을 벌이는 것을 좋아하지 않으며, 힘이 있는 사람을 좋아하여 마치 친한 사람의 권세가 자기 것 인양 자랑을 한다.

염정은 모순(矛盾)의 별로 낮에는 홍등가를 단속하는 관리로 매우 엄격하지만, 밤이 되면 그 홍등가로 출근하는 두 가지 속성을 지니고 있다. 만약, 사귀는 남자가 염정이라면 반드시 그가 외로울 때는 요구를 들어줘야 거부할 때는 그는 바로 술집으로 가서 접대부를 데리고 신세 한탄을 한다. 한마디로, 다른 여자를 품고 옛 애인을 생각하는 구조로 겉과 속이 다른 이중성을 띤다.

염정은 음유와 양강의 성질로 구분하는데 음유(陰柔)의 기질로 겉은 유순하나 속은 검은 성질로, 겉으로는 일의 정당성이 있으나 속으로는 계책을 부린다는 것이고, 양강의 기질로는 대쪽 같고 정직하며 공명정대하고 사심이 없는 것이다.

두수에서는 하늘(天)에 대한 기도능력이 뛰어난 양대 성계가 있는데 거문과 염정이다. 염정은 감각적으로 타고나서 화기(化忌)가 동궁하거나 음살(陰煞)이 동궁하면 그야말로 귀신이지 사람이 아니다. 한마디로, 감각적으로 예리하여 사물을 한눈에 보면 알 수 있다. 거문은 기도를 하면 할수록 계속 빠지고, 매일 치성을 드리는 성계로 정성이 대단하고 끈질기다. 그러나 양대 성계 모두 그 수위조절하기가 힘들어, 조금만 어긋나도 정신병에 걸리거나 착란증세에 빠진다. 즉 쌍화기가 인동하거나 화령이 동궁하면 그러하다.

(자오궁의 염청·천상은 천상편을 참조하라)

축미궁의 염정·칠살 : 웅숙건원격(雄宿乾垣格)과 노상매시격(路上埋屍格)으로 단체대표, 대리인, 지역조합장, 재개발위원장 등 어떤 일에 앞장서는 것을 뜻한다.

노상매시(路上埋屍)란 화기(化忌)나 양·타를 보는 것인데, 하는 일이 잘못되어 집안 식구는 물론 다른 조합 사람들 에게도 환영을 못 받아 결국 길거리를 헤매고 다닌다는 뜻으로, 노상매시가 되면 일의 경중을 따져서 행동하여야 한다.

웅숙건원격(雄宿乾垣格)은 일의 경중은 비슷한데, 미궁에 염정·칠살이 있고 록(祿)·권(權)·과(科)가 동궁이나 삼합에 있어 문창·문곡을 보는 것을 정격으로 한다. (나머지 설명은 칠살 편을 참조하라.)

인신궁의 염정 : 욕망과 이상이 높고 현실에 대한 만족은 낮은 편이다.

약간은 고지식하고 답답하며 살기(煞忌)를 보거나, 자화기가 되면 까칠하면서 꼼꼼하다. 구속받기를 싫어하고 매사에 열심히 하며 성실한 편이다. 화성과 영성을 동반하면 자신만 아는 성격으로 이기적으로 변하고, 공겁과 동궁하면 왕자 병의 속성이 증가한다.

또한, 은근히 욕망도 강해 도화나 투기에 능하지만 형노선이 태양·태음인 까닭에 자칫 사기를 당하거나 시비구설에 휘말릴 가능성이 있다. 부처궁은 강극의 별인 칠살이 있어 외롭고 고독하며 애정을 구하려 하여도 부처궁이 응대를 해주지 않는다.

홍란(紅鸞)·천희(天喜)·천요(天姚)·창곡(昌曲)·화록(化祿)·화기(化忌)를 만나면 도화가 중중하고, 신궁(身宮)에 살·파·랑이 들어가면 도화가 지나치게 강하여, 감정적으로 시비에 얽혀 정리를 잘 못하고 좋아하는 것에만 푹 빠져 목표를 잃어, 사업에 장애가 된다.

염정이 단수(單守)하면 바르기도 하고 나쁘기도 하여, 길성이 가회하면 감정적으로 안정이 되어 미련은 있지만 마음속으로 담아두지만, 살기(煞忌)가 가회 하면 크게 좌절 하여 상대방의 마음을 되돌리기 위해 무슨 짓이던 하게 되므로, 그로 인해 이성(理性)을 잃고, 애정과 증오 사이를 방황하게 된다.

염정 화록(化祿)이나 화기(化忌)가 되면 애정에 갇히므로, 일생 감정적인 괴로움이 많다는 뜻이다. 그래서 염정은 화록(化祿)이 그다지 좋지는 않은 것이다.

인신궁의 염정은 유명한 여왕벌 구조로, 여왕벌 이란 일벌이 벌어다주는 것으로 일생을 사는 것이며, 남편의 권세나 재력의 힘을 등에 업고 일을 벌인다. 이런 경우는 남편의 돈이 있어야 성립되고, 돈이 없으면 오히려 파란만장해지는 삶이 된다. 한마디로 남편의 돈을 좋아한다는 뜻이다.

(진술궁의 염청·천부는 천부 편을 참조하라)

(사해궁의 염정·탐랑은 탐랑편을 참조하라.)

　두수의 14정성중 록이나 녹존을 싫어하는 것이 바로 염정과 천량인데 이런 성계는 자체에 들어오는 것보다는 삼방으로 인동 하는 것이 상격이다. 염정의 강한 성질은 본신에 화권(化權)과 자미·무곡·파군 등에 록(祿)·권(權)·과(科) 등이 들어오면 강한 염정이 되고 염정 본신에 록·녹존·문창·문곡 등이 들어오면 음유해져서 쓸데없는 잔정이 많고 기분에 따라 이리저리로 움직이며 정신적으로 많이 헤매고 갈등한다. 화기(化忌)가 너무 중중하고 화성·영성·음살과 용지·봉각이 동궁하면 정신병이 걸리기 쉽다.

　염정은 경양과 동궁하면 시비구설이 증가하고 감정이 깨지며 화성과 동궁하면 흉한 일을 스스럼없이 벌이다. 두 별이 동궁하거나 가회를 하면 염정은 반드시 당한만큼 되돌려 준다. 이럴 때 파쇄. 비렴·복병·음살이 동궁하거나 삼합에 보이면 더욱 흉하여 큰 사단이 나므로, 반드시 마음을 수양해야 화가 진정된다. 그래서 염정은 한번 화가 나면 그 어떤 것으로도 화해가 안 되고 오직 천상의 선성(善星)으로 제어 할 수 있는 것이다. 도가에서는 염정에 탈이 나면 도가수련이나 기공수련을 많이 권장한다.

차. 거문巨門

　북두 제2성으로 음수(陰水)이며 기(氣)는 수, 금이다. 거문의 상의(뜻)는 고생이고 희생이며 트러블이다. 거문은 구설을 관장하므로 말이 많고 또한, 참는 성질도 강하다. 위기이다 싶으면 강해지고 역경을 헤쳐 나가려는 속성이 강하다. 그래서 거문은 역경의 별이기도 하다.

자미두수의 비기 중에 하나가 거문성으로, 거문은 옛날의 감옥의 문으로 불법과 합법이 공존하는 문이다. 그러므로 거문은 항상 세상의 어둠과 맞닥뜨려서 타협이냐, 원칙이냐가 관건인데, 불법과 적당히 타협을 하면 부귀가 따르고, 아니면 합법적으로 죄수를 잡아 가두어 그것으로 끝난다. 이도 저도 아니면 거문은 종내 고생을 면할 길이 없다. 이것은 독자들이 깊이 참조하라.

만약, 거문의 명이 시장에서 장사를 할 때에 시정잡배들이 와서 자릿세를 요구하면, "타협의 거문"은 반드시 그들에게 오히려 웃돈을 주면서 좋은 자리를 부탁하여 더 많은 돈을 벌수 있고, "대립의 거문"은 절대로 양보를 안 하니 그의 장사할 물건들은 길거리에 내동댕이 쳐지기가 십상이다.

거문이 적당히 안락해지면 자기만의 취미를 갖는데 그림, 사상학, 음악, 운동 등 다양하고 특히 배우는 것을 아주 좋아한다. 거문을 볼 때에는 균형과 안정을 반드시 봐야하는데, 거문의 힘이 생기면 열의가 강하여 매사에 의욕적이지만 차고 넘치는 기질로 인해 자기도 모르게 타인을 눌러버리고 잔소리를 한다.

거문은 구설을 주관하기에 말이 많은 것이 특징인데, 단지 말을 많이 하는 것이 아니라 일이 안되거나 꼬이면 그것에 대한 강박관념으로 지속적으로 속을 태우며 지적을 하기에, 상대방 입장에서는 괴로울 수밖에 없고 알지만 안 되는 입장에서는 거문이 밉기도 하다. 그래서 거문은, 일이 꼬이면 말을 적게 하고 차분히 풀리기를 바라는 것이 상책이다.

거문의 특성은 어떤 일이 갑자기 돌변하거나 이상하게 꼬여서 돌이킬 수 없는 사태를 야기하는 것인데, 한번 변하면 제 성질로 돌아오지 않기 때문에 그것으로 인해 평생의 후회가 되기도 한다. 거문은 화성(火

星)·경양(庚羊)이 동궁하면 특히 조심해야 하는데, 일명 "거·화·양(巨·火·羊)"의 격국이 된다.

거문은 과거의 나쁜 기억을 재생하는 테이프 같아서 머릿속에서 그것을 지우기가 쉽지 않다. 거문의 장점은, 분석·연구하는 것을 좋아하고, 모든 일에 열의를 다하는 특성이 있어 매우 성실한편이다.

거문의 또 다른 특성은 복덕궁에 천량이 존재하므로 연구·분석에 능하고, 교육·법률·사상학에 정통하다. 화기(化忌)나 살기(煞氣)를 보면 자신의 머리만 믿고 타인을 억압하고 육친이나 주변에 잔소리가 많아진다.

거문은 돈보다는 성실과 착함을 추구하며 순수하다. 거문의 고생은 칠살과 같고 순수함은 천동과 같다. 그러기에 탐랑과 같이 한번 빠지면 헤어나지 못한다. 거문은 순수하여 속고 속임을 잘 당한다. 거문의 완벽성은 염정과 같다.

거문은 녹존·화록·화권을 좋아하는데, 이는 태양이 왕지에 있는 것 다음으로 거문의 암성을 해결할 수 있어 좋다. 천기는 거문의 단점을 증폭시키는 결점이 있어, 겉으로 그럴듯해 보이지만 속으로 의심과 시비를 더욱 증폭시킨다. 문창(文昌)·문곡(文曲)·좌보(左輔)·우필(右弼)은 의심과 시기가 줄어들게 하고 교류가 넓어지게 하며 우아하게 변하게 한다.

자오궁의 거문 : 성실하고 충직하며 힘든 일에 적응을 잘한다. 내성적이지만 날카로운 성향이 있고 보수적이다. 거문은 집안에서 왕(王)노릇을 하는 성계이므로, 화기(化忌)가 동궁하거나 삼방에 화기(化忌)가 있으면 짜증을 잘 내고 예민해지며 잘 삐치며 말꼬리를 물고 늘어지는 특성이 있다.

자오궁의 거문은 석중은옥(石中隱玉)격으로 녹존과 삼길화·창곡을 만나면 격이 성립하는데 머리가 총명하고 재예가 출중하며 재관(財官)이 모두 발달한다. 그러나 수장이 되거나 책임자가 되면 반드시 겸손해야 한다.

자칫 오만하거나 안하무인이 되기 쉽고, 언행 방면에서 점점 입만 열면 쓸데없는 말을 늘어놓아, 논란과 질투가 일어나고, 종내, 관재나 화(禍)를 초래한다. 따라서 역량이 있더라도 날카로운 끝을 드러낼 필요는 없으며, 게다가 절대로 책임자가 되지 말아야 피해를 면할 수 있다. 거문은 천기와 비슷하여 살기(煞忌)가 인동하면 고생이 심하고 양·타를 보면 육친의 고통으로 매사 좌절하고 고생을 감내하여야 한다.

(축미궁의 거문은 천동편을 참조하라.)
(인신궁의 태양·거문은 태양편을 참조하라.)

진술궁의 거문 : 집안의 맏형 같은 스타일로 성실하며 진실 되고 착하다. 거문의 속성이 있어 의심은 기본적으로 있고, 복덕궁의 천량으로 인해 대화하는 것을 좋아하지만 자기논리가 강하고 특히, 욕심이 아주 많다. 거문이 술궁에 있는 것이, 오궁의 태양을 보기에 좋고, 진궁은 아무래도 태양이 함지라 떨어진다. 묘왕지의 거문은 호방하고 책임감이 있고 성실하다. 함약지의 거문은 잘 삐치고 짜증을 잘 내며 예민하고 어린애 같은 기질이 있다.

(묘유궁의 천기·거문은 천기편을 참조하라.)

사해궁의 거문 : 해궁(亥宮)이 사궁(巳宮)보다 좋다. 해궁의 거문은, 왕지에 태양이 비추어 어둠을 몰아낼 수 있어 숨은 실력자며 한 분야의 전문가이다. 사궁의 거문은 암합으로 칠살의 영향으로 조금만 살기(煞忌) 성정이 매우 까다롭고 대쪽 같으며 불의와 타협을 하지 않는다. 한마디로, 억울한 것은 참지 못하고 죽을 때까지 싸운다. 그러나, 그러한 성격은 가정적으로 불리하여 집안에서 대장이며 왕이므로 가족위에 군림하여 매우 피곤한 삶이 이어진다.

또한, 강직하기도 하지만 속으로 무척 예민하여 조그만 일에도 신경을 쓰던지 예민해지며 날카롭다.

길성이 가회하면 낙천적이고 매우 성실하며 책임감이 아주 강하다. 또한, 전체를 판단하는 능력을 갖고 있는 유능한 인재이다. 사궁의 거문은 성격이 괴팍하여 모난 데가 있으며, 남의 성과만 누리려 하며 개창력이 부족하고 오로지 육친에 의지하며 자신의 즐거움만을 찾는다.

카. 칠살七殺

칠살은 남두 제5성으로 음금(陰金)에 속한다.

상의(뜻)로는 도전과 의지이며, 한 번 하고자 마음먹은 것은 끝까지 하는 성격으로, 이미 모든 일을 주관적으로 처리한다. 기본적으로 도전의식이 강해서 밤낮을 가리지 않고 일을 하거나 공부를 한다. 그래서 적당이라는 것이 없어 주변사람이 무척 괴롭고 목표 달성을 못하면 본인자신이 괴롭다.

칠살은 머리가 명석하고 회전이 빠르며 흑백이 분명하다. 싸울 때는 물불을 안 가리고 투쟁하며 솔직 담백하고 늘 정의감에 불타있다. 하지만 타협하고 양보하는 것은 소극적이고 서툴러서 칠살 본신은 어색하게 느낀다.

칠살은 문성(文星)의 문창·문곡과 동궁하면 기질이 우유부단하게 변하고 다시 록(祿)을 보면 성격이 일관되지가 않아 이 말 저 말에 휩싸인다. 음살·천무·화개를 보면 종교성을 띄고, 살기(煞忌)를 하나라도 보지 않으면 유약해지며 나태하다.

살성이나 화기(化忌)를 만나면, 의심이 증가하여 마음의 화병이 생기고, 관재구설이 증가하며 사람을 쉽게 믿지 않으며 충돌이 심해지고 상대방의 마음을 잘 떠보기도 한다.

칠살은 경양과 타라를 가장 싫어하여 절지나 함지도 싫어한다. 고생에 고생을 더하고, 강하다가도 약하고, 인생이 풍랑을 만난 배처럼 환란이 심하고 몸에 질환이나 집안에 우환이 자주 따른다. 화기(化忌)를 만나면 의심이 증가하여 사람을 쉽게 믿지 않으며 마음을 잘 떠보기도 한다.

자오궁(子午宮)의 칠살 : 책임감이 강하고 성실하며 의지가 강한편이다. 성격이 강하고 박력이 있으며, 인간관계의 폭이 넓고 의리가 있는 편이다. 천괴(天魁)·천월(天鉞)이 동궁하면 윗사람에게 인정을 받고, 녹존과 화록이 동궁하거나 가회하면 큰 그릇으로, 상당히 길격이다.

그러나 살기형모가 충 하거나 가회하면, 사람을 의심하고 자기 멋대로 일처리를 하며 성질이 난폭하여 술만 먹으면 눈에 살기가 돈다. 또한, 신궁(身宮)이 다시 살·파·랑 계열이면 그야말로 광기는 천하를 덮는다.

자오궁의 칠살은 기본적으로 신기(神氣)가 있는데, 칠살은 도가에서 신기를 모두 제거한 후에 지상으로 내려 보낸 성좌로, 자오궁 만이 다 제거를 못 한 상태이다. 그러므로 술이나 마약 등에 취하면 눈에서 대장군의 신기(神氣)가 발동한다. 일반적인 칠살은 귀신을 보지 못한다.

자오궁의 칠살은 재백궁이 탐랑(貪狼) 이어서 투기에 능한데, 절대해서는 안 되며 욕심을 버려야 하고, 절대로 모험을 하거나 잔꾀를 써서는 안 된다. 설령 한번은 성공을 했을지라도, 성공의 달콤한 유혹에 빠져서, 무조건 앞으로 돌진하면 물러날 길이 없어지므로, 결국에는 횡발 한 것이 다시 파재로 돌아서서 결국 남는 게 하나도 없다.

칠살이 자오궁에 있으면 육친궁이 무정하여 대부분 이혼하기가 쉽다.

칠살의 격국중 하나는, 웅숙건원격 (雄宿乾元格)인데, 염정·칠살이 축미궁에 동궁하는 경우와 염정(廉貞)이 신궁(申宮)에 있고 칠살(七殺)이 오궁(午宮)에 있는 경우다. 인물됨이 꼼꼼하고 관리능력이 뛰어나며 치밀한 성격이다. 다만, 보수적인 성향이 강해서 다소 답답할 소지는 가지고 있다.

축미궁의 칠살 : 염정과 동궁 한다. 성정은 감정적이며 급하고, 말하는 속도가 빠르며 일을 처리하는 능력이 뛰어나고, 혼자서 모든 것을 감당하는 측면이 있고 여명은 주로 강한 성정이 대부분이다. 여명의 염정·칠살은 매사에 일처리 능력이 탁월하고 맺고 끊음이 정확하여 타인의 존경을 받는다.

다만, 이격은 노상매시(路上埋屍)라는 흉격이 있는데 살기형모가 삼방에 있으면 성립한다. 이는 나서다가 오히려 궁지로 몰려 여기서도 안받아주고 저기서도 안받아주는 격으로, 심지어 자신의 배우자에게도 외면을 당하여 고독하고 쓸쓸하게 된다는 흉격이다.

염정·칠살의 격이 좋으면 대리사장, 대변인, 개발위원장이지만, 자칫 감투 후에 일이 터질 수 있어 매우 조심해야 한다. 축미궁의 염정·칠살 조합은, 염정·칠살의 두 성좌가 아주 어울리지 못하는데, 화(火)와 금(金)이 피차 상극이기 때문이다.

따라서 이와 같은 성좌가 좌명 하는 사람은 아주 세밀하면서 깊이 판단하지만 성계자체가 서로 충돌하게 되고, 아주 많은 자아 모순적인 행동이 나오게 된다. 따라서 이 성좌의 충돌 점은 바로 하나의 일을 결정해야 할 때, 아주 오래 생각하고, 세 번 네 번 다시 고려하게 된다는 것이다.

또 하나는 인·신궁에 칠살이 있는 것인데 인궁의 칠살은 칠살앙두(七殺仰斗)이고 신궁의 칠살은 칠살조두(七殺朝斗) 이다.

성격은 웅숙건원격과 비슷하나 칠살이 독좌로 있는 신궁(申宮)의 조두격은 육친궁이 불리하여 다소 흠이 좀 있고, 인궁(寅宮)의 앙두격은 부처궁에 살성이 침범하면 이혼하기 쉬운 구조이다.

인신궁의 칠살 : 칠살의 성정이 가장 대표적으로 나온다. 칠살의 상의는 도전과 불굴의 의지로 성정은 강직하고, 호쾌하며, 잔꾀를 부리지 않고, 남에게 아첨을 하거나 기회주의적인 태도를 취하지 않으며, 남녀 공히 오로지 열심히 일을 해서 돈을 벌어 집안을 부양한다.

감정 측면에서는 아주 시원스럽고 딱 부러지며, 애정과 증오가 분명하고, 냉정해지고 열을 내는 것이 모두 빠르나, 분위기나 정취를 느끼는 감성은 약하다. 신궁의 칠살은 형노선과 부질선이 약성으로 부모나 형제에게 상처를 받을 수 있다. 인궁은 신궁보다는 좋은데, 복덕궁에 화기(化忌)가 충 하면 열심히 일하고 또 휴식을 반드시 가져야 하는 구조로 변한다.

묘유궁의 칠살 : 무곡과 동궁 하는데 무곡은 의지가 강한 성좌이고, 칠살도 역시 금(金)에 속하여, 모두 같은 종류의 성계로서 강렬하다. 무곡은 정신적인 의지의 표현이고 칠살은 한마디로 "하면 된다"는 의지

가 합쳐져서 남녀 공히 일생에 피곤한 삶이 연출된다.

남명은 주로 부처궁이 천상(天相)으로, 칠살과 상극별이 존재하여 이럴 경우는 시달림이 아주 많아진다. 더군다나 녹존과 동궁하면, 그야말로 심히 육친의 고통에서는 벗어나기 힘든 격국으로 변모하여, 늘 가정의 시달림을 받는다.

또한, 여자로 말하자면, 지나치게 곧고 지나치게 돌진하는 것을 의미하므로 사고방식을 빨리 전환하기 어렵다, 여명에게 있어 무곡·칠살은 본신이 하고자 하는 의지가 너무 강해 그것이 좌절되면 그야말로 세상이 다 끝난 것처럼 침통해한다.

본래 칠살이 좌명해도 심각하지만, 옆에 다시 무곡이 가해지면, 당사자의 개성과 관념이, 첫째는 급하고, 둘째는 성취욕이 강하고, 셋째는 생활의 정취를 모르는 아주 무딘 사람이다. 무곡·칠살은 대궁이 천부이므로, 따라서 주관의식이 아주 강하고 틀이나 자신의 위치를 높이는 것을 아주 좋아한다.

진술궁의 칠살 : 어리고 순진하며 때로는 어린애 같다. 이는 칠살이 진술궁에 있으면 약지이고 금성(金星)이 토지(土地)에 덮여있어 아직 힘이 발휘가 안 된다. 성정은 착하지만 단순하여, 학술이나 전문직에 어울리며 상재에는 그다지 어울리지 않는다.

본래 칠살 명격자는 첫눈에 총명, 기개, 예리함 등이 보이고 우두머리의 개성이 있으며, 싫고 좋은 것을 표현하는 것이 분명한 편이다. 항상 현재 상황을 돌파하려 하지만, 살기형모가 충파하면 내심으로는 늘 곤란함과 뜻대로 되지 않는다는 느낌을 받는다.

칠살이 단수하면서 좌명 하는 사람은, 신궁(身宮)에 탐랑·파군 혹은 무곡이 들어가는 것이 좋지 않다. 성격이 강경하고 승부욕이 지나치게 강하며, 세상의 불합리한 것에 분개하고 증오하는 사고방식을 지니므로, 매사 자기 뜻대로 하고 남의 충고를 듣지 않는다. 좌절을 맛보게 되면 쉽게 낙심하고, 의기소침해지며, 가정에서는 폭군으로 돌변할 소지가 매우 많아 흉한 격으로 변한다.

(사해궁의 자미·칠살은 자미 편을 참조하라.)

타. 천량天梁

천량은 남두성으로 양토(陽土)에 속한다.

상의는 고독과 시기이다. 성격은 깐깐하고 고집이 강하며 자신의 원칙에 따라 행동하고 의협심이 강하며 말재주도 좋아 중재를 잘한다. 때로는 이상적이고 자유분방하며 방탕한 게 특성이다.

체면을 중시하고 자기주장이 강하여 상대방이 자신을 무시하거나 그런 느낌을 받으면 무척 화를 내지만, 일반적으로 사람들과 잘 어울린다. 얼굴은 시골의 농사꾼 용모도 있고 우직함을 풍기는 인상으로, 단수로 있을 때는 귀공자 스타일도 있다. 이상을 추구하며 또한, 유리와 같은 감수성을 지녀서 극과 극을 달린다.

천량의 이상주의는 인간의 행복과 규율을 기준으로 하기 때문에 의약, 법률, 사회봉사가 어울린다. 천마와 동궁하면 자유분방해지고 방탕하거나 어느 한곳에 머무르지 못하고 세상을 떠돈다. 지공·지겁과 동궁하면 구속 받지 않는 이상주의자여서, 세속에 대한 비판이 심하거나 세상과 어울리지 않으며, 때로는 도인처럼 변모를 하여 자유롭게 떠돈다.

천량의 고독과 시기성은 경양과 천형이 동궁하면 가장 강하고, 나머지

타라·화성·영성 등이 그 뒤를 따른다. 이것은 문창(文昌)·문곡(文曲)
이 동궁하면 해결이 된다. 고독과 시기성이 증가하는 천량은 체면 때문에
사람들과의 투쟁이 심하고, 남의 단점을 잘 비판해서 조직생활에는
어울리지 않는다.

창·곡이 동궁하고 화권(化權)이 동궁하면 이런 점은 많이 나아지고,
록이나 녹존을 보면 강렬한 개성으로 밀어 부치기 좋아하는데, 쓸데없는
과욕을 부리는 것과 떠도는 성향이 단점이다. 그래서 천량은 록이나
녹존을 좋아하지 않는다. 록이나 녹존이 동궁하면 결국 있는 것마저
다 나가 버린다.

천량명자는 12궁에 따라서 복덕궁의 성계가 달라지는데 궁의 위치에
따라 싫어하는 것의 표현이 다르다.

자오궁의 천량 : 대궁은 반드시 태양이며, 언변이 좋고 사상이 깨끗하
며 머리가 총명하다. 천량이 좌명하면 체격이 왜소한 편이고, 말재주가
별로 없으며, 태양의 영향을 받아 정의감이 있고, 자기논리가 정확하며
청렴결백하고, 종교 신앙심이 있으며 겉으로는 강하게 보여도 속으로는
여린 편이다.

보수적으로 보이고 침착하며 사람을 대할 때 예의를 갖추지만 말재주
는 그다지 좋지 못하며 말로써 자신의 의사를 잘 전달하지 못하고,
표현능력이 부족하다. 자오궁의 천량은 신체나 정신장애를 가지기가
쉬운데, 이는 천량이 가장 정직한 궁에 입명하므로, 이상적이고 고고한
정신세계로 인해 조금만 살성이 가회하여도 천량의 고극한 성질과
살기(煞忌)가 어울려 육친이나 본인이 정신적, 육체적 장애를 가지기
쉽다.

축미궁의 천량 : 여명은 조금 유순한 편이지만, 남명은 성정이 강하고, 쟁론을 하면 끝까지 고집을 부리면서 잘못을 시인하지 않는 버릇이 있다. 천량은 특유의 영감을 지니며, 지혜가 남보다 뛰어나고, 말이 많으면서 빠르다.

또한, 천량성은 관리(管理)의 별자리가 아닌데, 이는 천이궁과 관록궁을 보면 알 수 있다. 천이궁에 있는 천기(天機)는 참모의 별이지 지도자의 별은 아니다. 또한, 부관선에 거문이 있는 것은, 우두머리가 되면 시비구설을 부르기에 항상 피곤해진다.

천량의 부처궁에 언제나 거문이 존재하므로, 거문의 노고와 고생을 천량이 짊어져야 한다. 대개 배우자의 짐을 떠 안아야 하거나 심지어는 빚을 갚아야 하지만, 좋은 점은 이혼보다는 별거를 하는 등의 적당한 선이 있다는 것이다.

여명(女命)은 평시에는 착하고 순해 보이나, 사생활을 들추어내면, 성정이 고약해져서 남의 흉을 잘보고 의심이 많다. 대체로 천량은 멋쟁이이자 명품을 좋아한다. 천량명자는 대부분이 얼굴이 시골농부 스타일이며 윤곽이 뚜렷하다.

(인신궁의 천량・천동은 천동 편을 참조하라.)

묘유궁의 태양・천량 : 태양이 막 떠오르는 자리이므로, 따라서 일조뇌문(日照雷門)이라 부른다. 선심이 있고 남에게 잘 베풀어 주며 도와주는 격으로, 누군가를 인생행로에서 업고 가는 형상이다. 그러므로 부모, 형제, 부처, 자녀에게 항상 도와주는 사주로 변모하기 쉽다. 특히, 부처궁이 거문・천동이므로 부처로 인해 고통이 심할 수도 있는 명이다.

태양과 천량이 동궁하면 남에게 간섭이나 지시 받는 것을 별로 좋아하지 않으며, 어울리는 것도 그다지 좋아하지 않는다. 다만, 스포츠, 도박, 여행을 상당히 좋아하는 편이라서 그 외에는 인간적인 교류는 별로 없다. 또한, 남을 이끈다든지 대중 앞에 나서는 것도 별로 좋아하지 않는다. 한번 마음에 품은 일은 반드시 하는 성격이라서 책임감 역시 투철하다.

묘궁의 남명은 얼굴이 둥글고 체격은 작지만 다부지며, 외모나 의복 등에 신경 쓰지 않는다. 윗사람과의 연분이 상당히 좋아서, 윗사람의 음복(蔭福)과 상사의 신임을 얻는다.

여명은 고생을 마다하지 않고 집안을 꾸려나가는 맏며느리로서, 매사에 수완이 아주 좋으며, 사람을 대하는 것이 친절하고 정성을 다하며 또한 손님을 반기고, 가정을 중시하는 관념이 있으며, 친정집을 보살피는 편이며, 도량이 넓고, 포기하지 않고 끝까지 해내는 정신이 있다.

유궁의 남명은 소심하며 뒷심이 부족하다. 즉 부귀하더라도 지키지 못하며, 유혹에 약하여 도화에 쉽게 빠진다. 여명은 태도가 쌀쌀맞게 보이고, 성격이 급하며, 감정적이고, 몸동작이 아주 크며, 남자같이 활동적이다. 귀여운 면이 있어 사람들에게 아낌을 받지만 그 애정과 증오가 명확히 나뉘어서 나중 일을 고려하지 않는 태도가 있으며 한번 싫으면 좀처럼 마음을 열지 못한다.

(진술궁의 천기 · 천량은 천기편을 참조하라.)

사해궁의 천량 : 겉으로는 대범하나 속으로는 무척 섬세하고 여리다. 천량은 본시 역마성이 강해서 인 · 신 · 사 · 해궁에 있으면 마음이 안정이 안 되고 적응하는데도 시간이 걸린다. 또한, 의타심이 강해 남에게 은근히 기대는 성향도 있으며 공겁을 만나면 낭비가 심해지고 왕자병

스타일도 나온다. 흥미로운 곳이나 화려한곳에 빠지면 정신을 못 차리고 계속 빠지게 되니 환경이 무척 중요하다.

천량이 사해궁에 좌명하면, 대궁은 반드시 천동(天同)으로서, 천동의 영향을 받기 때문에, 성격이 나태하고 산만하며, 열심히 노력하려는 태도가 부족하다, 그럼에도 불구하고 열심히 노력하지 못하는 것은, 열심히 하려 해도 주변의 환경에 신경이 더 많이 가는 모순점이 있기 때문이다.

파. 천동天同

천동은 남두의 제4성으로 음수(陰水)에 속한다.

천동은 남두의 복성(福星)으로 상의는 안정과 즐거움이다. 천동은 감정의 성계로 자신의 희로애락을 같이 나눌 수 있는 친구가 중요하다. 천동의 감정은 기본적으로 피해의식이 잠재돼 있어 해갈이 안 되면 스스로 미쳐버리고 타락하거나 너무 불안하여 세상을 비판하기 쉽다.

여명의 천동은 더욱 감정에 치우쳐 부처가 다정다감한 스타일이 아니면, 정신적인 공허감으로 인해 주변의 부드러운 꼬드김에 넘어가 몸을 망치는 수가 생긴다. 그래서 고전에는 천동의 단면을 보고 음란하며 첩(妾)의 명이고 정절에 약하다 하지만, 현대에 와서는 다른 해석이 요구된다.

천동은 거문과 탐랑의 속성이 있는데, 자신이 최고인줄 착각하고, 조금이라도 이루면 자랑을 하고 남이 하는 것은 은근히 낮추어 보는 성격이 있다. 평상시에는 게으르고 나태하여 목표의식이 없다가, 한번 발동이 걸리면 밤낮을 가리지 않고 목표를 이루는 저돌적인 성격이 있다.

천동은 은근히 재력이나 권력을 좋아하는 특성이 있다. 이것은 천동자체가 어린 성계로 보호자가 필요한데, 힘이 있어야 나를 보호해 줄 수 있기 때문에 능력이 있는 것을 좋아한다.

천동과 천량은 파절 후의 안정을 의미한다. 천량은 큰 고난이나 재앙을 작게 축소시키며, 천동은 큰 재앙이 지나간 후에 재기발전 하는 것을 의미한다. 이것은 두수에서 관법의 차이인데, 극단적인 표현으로 교통사고가 나서 다리를 절단하게 될 문제가 생긴다면 천량은 간신히 살려서 형태를 유지하는 것이고, 천동은 다리를 절단한 후에 의족을 하여 활동하는 것으로 어찌 보면 천동이 더 흉하다.

두수에서는 향락의 성계가 있는데 천량·천동·염정·탐랑으로 천동과 탐랑은 물질에 치우치고 염정과 천량은 정신에 치우친다. 물질이라함은 말 그대로 돈이나 권력을 의미한다.

천동의 화기(化氣)는 복성이다. 천동은 오뚜기 같은 인생으로, 인생살이가 고통스럽다가도 역전이 되고 다시 고통으로 빠지는 반복적인 삶이 연출이 된다.

천동은 화권(化權)을 좋아하고 화기(化忌) 역시 두려워하지 않는데, 화기(化忌)는 격발 이라 하여 "나도 할 수 있다"는 의지를 보여주는 것이다. 천동에 길성이 가회하면 반드시 화기(化忌)로 격발을 시켜야한다. 그러나 단지, 화기(化忌)만은 안 되고 반드시 화록(化祿)이 동궁하는 것을 기본으로 생각해야 한다.

화록(化祿)이 인동하면 복성이 증가하는데 그 다음이 화권(化權)과 화과(化科)를 보는 것으로 삼방에서 가회를 하면 길격 이다. 그러나 단지, 록만 보는 것은 연약하거나 향락을 즐기는 것으로 판단을 잘해야 한다. 이럴 경우는 화기(化忌)나 살성이 들어오는 것인데, 화기(化忌)는 격발력(투지)이 생기고, 경양과 타라는 의지가 강해진다.

오궁(午宮)에 경양과 동궁하면 마두대검인데 병년생은 천동화록과 경양이 동궁하는 진격이 된다. 무년생은 경양은 동궁하고 태음의 화권으로 인동하여 준격 이지만, 반드시 삼합으로 녹존이나 록이 협해야 진격이 되므로 병년생이 정격으로 합당하다.

천동의 문창·문곡은 재기를 증가시키고, 천괴·천월은 주변의 기회가 많거나 도움이 많은데 비해, 좌보·우필은 길성임에도 천동의 성질을 유약하게 만들어 의존성을 높인다. 이 점을 기억해야 한다.

천동은 가장 두려워하는 것은 화성(火星)과 영성(鈴星)으로 고극재기를 증가시키고 일을 할 때 마다 고난이 따른다. 가장 힘든 것은 대인관계인데, 만나는 사람마다 업신여김을 당하거나 본인을 곤경으로 모는 성질이 있다. 천동의 살성은 자극제와 같아 좋지만 영성(鈴星)은 반대로 흉하다. 영성(鈴星)을 만나면 일이 심하게 꼬여서 곤경에 처하고 도처에 적이 출몰하며, 천마(天馬)를 만나면 천동은 뿌리 없이 흔들리고 항상 의지가 약해 유약하고 발전이 더디다.

자오궁의 천동태음 : 이는 두 개의 수(水)에 속하는 성좌가 모두 수향(水鄕)에 들어, 자연히 왕지가 되고, 녹존과 괴월을 만나면 水澄桂萼(수징계악)의 격국이 되며, 만일 삼합에서 살충(煞沖)을 만나지 않으면, 청렴한 요직을 얻어 충간을 다하는 재목으로서 직무에 충실하게 된다.

만일 오궁이면 두 성이 모두 함지에 속하여 귀가 얇고 투기심이 증가하고 요행을 바란다. 자궁의 동음은 화기(化忌)를 동반하면 남명은 매사에 오해받을 행동을 하면 안 된다. 원래 태음은 화기(化忌)를 동반하면 말 못할 고민이나 시비구설이 증가하는 특성이 있고 양·타나 화·영을 보면 사람과 충돌을 한다.

천동과 태음이 격이 없이 시계방향으로 진행하면 직업적으로 곤란함을 겪는데, 반드시 주체성을 가지고 한 가지 일을 지속적으로 해야 한다. 또한 시계 역방향으로 흐르면 항상 2인자에 머무르는 구조로 말단 과장직이다. 겉모습이 온화하며 침착하고, 키가 크며 얼굴이 하얀 편이고 여자와의 연분이 아주 많다. 성품이 중후하고 온순하며, 마음이 통하게 되면 동정심이 많아지고, 좌절하더라도 낙천적이며, 깔끔한 것을 좋아하고, 결벽증이 있다.

축미궁의 천동 : 거문과 동궁하며, 두성계가 모두 함지에 속한다. 거문은 태양의 빛을 받아야 힘을 쓸 수 있고, 천동은 조력자나 동지의 힘이 필요한데, 두 궁이 동궁 하는 축궁은 힘이 약하고 미궁이 오히려 낫다.

축미 궁의 천동·거문은 일생에 감정적인 문제로 고통이 많고, 인생의 낙폭이 큰 단점을 가지고 있는데, 이는 거동이 동궁 하는 진·술·축·미 사궁 고유의 특성 때문 이다. 상승과 하향의 큰 곡선은 유독 거동의 특성인데, 밑으로 추락 할 때에는 그야말로 절벽에서 떨어지듯 순식간이며 이런 일이 발생하면 고통이 심해진다.

거문은 노고와 고생을 주관하고 질투와 의심과 완벽을 추구한다. 천동은 순수하고 깨끗한 감정인 반면에, 살기가 조금이라도 섞여 있으면 자기가 세상에서 제일 잘난 사람처럼 행동하는데, 이것은 자기 영역에서 최고라는 어린애 같은 생각에서 비롯된 것이다.

또한, 천동은 거문을 보면 욕심이 많은 구조로 동궁 하는 것보다 진술궁 에서 보는 것이 욕망이 더 강하다. 천동은 창곡을 일단 만나기만 하면 혼인의 장애가 되지만, 만일, 녹존을 만나게 되면, 이러한 상황이 바뀌어 결혼생활이 원만해지고, 이 같은 결혼은 두 사람이 같이 노력하여 중년 이후에는 비로소 복(福)을 누릴 수 있다.

따라서 천동은 녹존이 더해지거나 녹존이 회합해야 비로소 결혼하여 백년해로할 수 있는데 천동에 창곡이 가해지면, 여명은 아주 불리한 조합이고 남명은 남모르는 고통이 따른다.

거동명자는 학습이나 공부능력이 좋고 배우기를 좋아한다. 남명은 개성이 소탈하고, 말이 솔직하여 거짓말을 하지 않으며, 내향적이고, 세심하고 하는 일이 보수적이고 신중하여 큰 사업을 하기는 어렵다. 여명은 우아하고 조용하지만, 그러나 행동과 사고방식은 개방적이며, 특히 음악이나 미술 등의 예술 영역을 좋아하고, 일을 하는 것이 재능이 있으며 독립적인데, 다만 쉽게 감정적인 곤란에 빠지기 쉬우며, 감정적인 상처를 받기 쉽다.

인신궁의 천동 · 천량 : 천동의 복성과 천량의 음성(蔭星)이 만나서, 성질은 부드러우면서도 깐깐하고 보수적이며 개창력이 부족하다. 어릴 때나 학창시절을 특히 유의해야 하는데, 살기(煞忌)가 가미가 되면 주로 관재구설이나 흉한 일이 곧잘 벌어진다.

천동의 영향으로 자기 본위가 강하고 천량의 깐깐함으로 남에 단점을 잘 보니, 두 성계가 만나면 사물에 대한 자기주장이 강하다. 하지만, 막상 일을 진행 하다 보면 자신도 그 일에 확신을 못 갖는 것도 동량의 특성이다. 고로, 본신도 막상 고집을 피워 하지만, 내심으로는 일의 확신을 못하고 겉으로는 드러나지 않지만 속앓이 한다.

명(命)이 인 · 사 · 신 · 해에 임명하고 다시 천마를 보면 곧 예능에 뛰어난 사람이다. 천량은 원래 음덕의 성좌로 윗사람의 도움을 받는 성좌이어서 어른을 잘 공경하고 신앙심이 강하다. 또, 옆에 천동이란 복성이 있어 좋은 명이지만, 천동의 영향을 받기 때문에 본인 아니면 주위사람이 전부

응석받이 같아서, 일에나 인간관계에서 무조건 생떼를 쓴다.

천량의 지혜와 총명함이 천동의 부족함을 메울 수 있으며, 따라서 이 같은 구조는 돼지인 것처럼 가장하고 늙은 호랑이를 유인하여 격퇴한다고 하는 것으로 자칫 총명하면서도 간사하고 교활하기도 하다. 즉, 처음에는 깐깐하고 고집을 부리다가 상황을 보면서 자신에게 유리한쪽으로 몰고 간다는 뜻이다.

천동·천량은 모두 복성인데 천량의 복은 망하지 않는 것과, 천동의 복은 망하지만 다시 일어난다는 것이다. 즉 천량은 집에 불이나면 다 타지 않아 보수를 하는 것이고 천동은 완전히 다 타고 다시 새롭게 집을 지을 수 있는 여건이 조성이 된다는 것이다. 그래서 천동은 살성의 격발이 필요한 것이다. 그러므로 두 성계가 동궁하면 장단점이 있는데 깊이 판단해보면 스스로 알 수 있다.

남명은 성품이 온화하고, 겸손하며 예의가 있고, 생각이 예리하며, 주위사람들에게 신용이 깊다. 화권(化權)이 동궁하면 말에 설득력이 있지만, 말을 듣기 좋게 꾸미는 것을 별로 중요하게 여기지 않으며, 말을 직설적으로 하여 분위기를 깨는 단점이 있다.

여명은 성격이 활발하고 외향적이며, 총명하고 꾀가 있으며, 치장하고 가꾸기 좋아하며, 옷맵시를 중시하고, 심심할 때 간식을 아주 좋아하며 게다가 어린아이 같고, 모든 일에 호기심이 많다.

묘유궁의 천동 : 가장 정서적으로 약하다. 천동의 어린 성격 중에 마치 태어난지 얼마 안 된 신생아 같아 외부의 살기(煞忌)에 방어벽이 없는 구조이다. 천이궁의 태음을 보고 있어 태음의 계략에 천동의 순수함은 상대가 되지 않는다.

그것을 이기는 것은 녹존이나 록(祿)·화권(化權)등이 동궁하거나 삼합으로 보는 것이고, 나머지는 모두 의지박약이 문제여서, 결단력이 부족하고 게다가 사회적인 능력도 떨어 질 수가 있다. 반드시 학창시절부터 진로를 확실히 해야 한다. 또한 학창시절에 왕따 구조여서 사람에게 속거나 외면당하는 일이 종종 발생하는데, 이는 천동이 순수하여 이용당하기 십상이다.

또한 묘유궁의 천동은 창곡이나, 천요·홍란이 하나라도 들어와서는 안 되며, 만일 하나라도 만나게 된다면 갈수록 감정이 더 번잡해지고 복잡하며 도화가 증가하여 사단이 날 가능성이 농후하다.

천동이 좌명하면 얼굴형이 둥근 편이고, 피부가 희고, 신체는 작고 통통하며 말년으로 가면서 구리 빛이 감돈다. 천동의 마음은 한번 상처를 받으면 좀처럼 회복하기 힘들어서 자칫 집밖으로 나가려 하지 않는다.

진술궁의 천동 : 대게는 순진하고 여리고 착한편이다. 대궁에 거문의 영향으로 비교적 고생과 노고가 심한편이다. 더군다나 천라지망에 있어 정서적 혼란이 있고, 거문이 그 감정을 유발하여 시비가 더욱 많아지고 남명은 특히 유혹에 약하여 친구나 이성을 조심해야한다.

원래 천동은 남을 배려하거나 자신을 낮추는 기질이 숨어있고, 삼합에서 살성이 개입하면 자만감이 가득차고 독불장군 행태가 나온다. 반드시 삼합에서 록이나 녹존을 보아야만 길하다. 진술궁의 거문·천동 조합은 부처궁이 천기·태음으로 본래 결혼에 불리한 조합이며 천동과 천기는 상극지명이다.

또한, 주량이 아주 좋은데, 이것은 그의 체질이다. 남명은 쉽게 유흥에 빠지거나 오락에 빠지는데, 이는 천동주변에 이런 성질의 사람들이 모여 있기 때문이다. 여명은 늘 남편의 일에 신경을 써야 하고 남편으로 인해 고심을 많이 하는 편이다. 망상과 의심을 가지고 있고 게으르면서 나태하다.

사해궁의 천동 : 천이궁의 천량과 대조하는 것을 반기지 않으며, 사해궁은 또한 역마지여서, 마음이 안정적이지 못하고 쓸데없는 것에 집착하고 피해의식이 있으며 심지가 유약하며 유혹이나 주변에 잘 휩싸이지만, 복덕궁에 태양·태음의 영향으로 매우 신중하며 까다롭다. 그래서 무엇이든 결정하기가 매우 쉽지 않다. 특히. 애정문제에서는 더욱 신중하다. 살기(煞忌)를 동반하거나 문곡(文曲)을 보면 잡기에 능해서 향락에 빠져서 헤어나기 힘들다.

사해궁의 천동은 발달이 늦은 것이 특징인데, 길성이나 사화가 가회하지 않으면 전반적으로 자신의 능력보다는 발전 속도가 느리거나, 주변에 도움이 없어 혼자 모든 것을 결정하거나 판단해야 한다. 녹존의 힘이 필요하며 그런 연후에 보좌성이 가회하면 좋다. 만일, 복덕궁이나 명궁에 화기가 충하면 육친의 도움을 받지 못한다는 것으로 남명이든 여명이든 별로 좋지 않다.

천동이라는 별은 애정을 중요시하며, 감정의 교류가 중요하다. 그래서 천동은 힘이 들 때마다 부처가 위안을 주거나 어루만져주길 원하고 또한, 투정을 받아주길 원한다. 천동은 성품이 온화하고 신중하며 침착해 보이고, 사람들을 잘 사귀며, 수완이 상당히 좋고, 마음 씀씀이가 세밀하여, 온순하다고 여기기 쉽지만, 실제로는 본래 부드러움으로 강한 것을 누르는 면이 있다.

여명은 성품이 외향적이고, 낙천적이며 활발하고, 겉모습은 맑고 아름다우며, 몸매가 예쁘고, 어디를 가든지 사람들의 시선을 끌며, 감정이 풍부하고 타고난 애교가 있지만, 늘 의지할 사람이 없다는 소외감으로, 항상 마음이 외롭다.

하. 파군破軍

파군의 상의(뜻)은 호기심·창조·개혁·스릴이다. 파군의 머릿속에는 항상 새로운 것, 자극과 경쟁에 대한 열망이 강하게 있다. 그래서 한가롭거나 반복되는 일상을 견디지 못하고 탈출하는 것이다.

파군의 전형적인 특성은 창조인데, 창조는 틀 속에서 이루어진다. 즉, 파군이 일을 할 때에는 반드시 먼저 누군가가 그 일에 관련이 있거나 집안의 유업이라든지 혹은 동업이 그 바탕이 된다는 것이다. 이것은 파군의 비기로 무엇이든 아는 사람과 관련이 있어야 하지 그렇지 않으면 파군은 스스로 창조하지가 매우 어렵다. 돌파력이 좋은 파군은 동업이든, 집안의 가업이든 물려받으면 그 속에서 창조하고 눈부신 성과를 내지만 돌파력이 약한 파군은 무모하게 일을 저질러 돌파와 수성이 모두 난감하게 변해 매우 위험하다.

또한, 파군은 경쟁심과 승부욕이 강하여 사람이 북적이는 증권시장이나 도박판을 상당히 좋아한다. 사람들과 경쟁을 하면서 오는 자극과 스릴을 아주 좋아한다. 또한, 기회에 매우 민감하여 한번 오면 놓치지 않으며 계속 발전시키길 원한다.

하지만, 좋은지 나쁜지 스스로 판단하기를 힘들어 하는 천기와 비슷한 면이 있고, 한번 꼬이기 시작하면 어디서부터 손을 대야 할지를 모르고, 멈추지 않는 기차처럼 계속 달리기 때문에 처음 출발 할 때 좋고 나쁨을 반드시 가려야한다.

또한, 천기와 비슷한 성격으로, 자신의 필요에 의해 아무도 모르게 일을 진행시키다가 어느 정도 지나야 오픈함으로 주위의 사람들이 깜짝 놀라는 경향이 있다.

집 밖에서 나쁜 부류와 어울려 다녀도 집안사람은 절대 알 수도

없고 사업 역시 마찬가지이다. 그러므로 집안 식구들과는 대립을 피할
수 없고 피차 이해하기 힘들어진다.

파군이 문곡화기(文曲化忌)와 동궁하거나, 문창을 보면서 삼방사정에
살기형모를 보는 것을 소위 암요(暗曜)라 한다. 그래서 거문의 암요(暗曜)
와는 근본적으로 다르며 위와 같은 성격을 전형적인 암요(暗曜)라 한다.

파군에 살기(煞忌)가 가회하면 위험천만한 일도 서슴없이 저지르고
신궁(身宮)이 다시 살·파·랑이면 그야말로 큰 일을 저지르기가 매우
쉬워 강가에 내놓은 아이처럼 불안하다.

파군은 오로지 녹존(祿存)과 록(祿)으로 기운을 좋게 만들어 쓸모
있게 변모시키고, 화권(化權)이면 힘이 증가하며, 다음으로는 좌보(左
輔), 우필(右弼)을 봐야 고생이 감소하고 우환을 잠재울 수 있다.

파군은 화성(火星)·영성(鈴星)을 만나면 고생만 하고 관재구설이
생기며 몸에 잔질이 떠나지 않고 비대하거나 마른편이다. 경양과 타라를
만나면 직업의 안정성이 없거나 불안성지는 속성 때문에 돈 벌기가
매우 어렵다.

파군이 지공(地空)·지겁(地劫)을 만나면 이미 안정이 없는 파군에게
는 더욱 불안정하여 이리저리 떠돌아다니는 삶이 된다. 이런 구조는
인신사해 역마지에 파군이 거하는 명인데, 도화성이 조금이라도 가해지
면 의지가 박약하여 약간만 색다르게 보여도 마음이 변하고 몸을 망치기
일쑤이다. 여명이면 더욱 흉해서 호기심이 왕하여 작은 자극을 받아도
이리저리 휩쓸려 마치 태풍에 조각배가 떠 있는 듯하다.

파군은 창조와 개혁의 별이기에 지키는 수성이나 안주를 못하는
별이다. 그러나 개혁과 수성을 동시에 할 수 있는 궁원이 하나가 있는데
바로 자오궁의 파군으로, 록(祿)이나 녹존(祿存)을 만나고 보좌성이
가회하면서 살기가 없으면, 모두 격이 있게 되어 매우 진취적이고 강하며

강렬하다. 영성입묘격(英星入廟格)으로 개혁과 유지를 동시에 이룬다.

파군이 오궁(午位)이면 수화기제이고, 자궁이면 영성입묘 (英星入廟)의 격이니, 따라서 파군이 좌명 하는 사람은, 천부가 신궁(身宮)에 좌하여 견제하는 것을 반기고, 만일 그러하지 못하면, 즉 반드시 녹존(祿存)이 와서 그 악(惡)을 화해하여야 하며, 가장 불리한 것은 신궁(身宮)에서 칠살이나 탐랑을 만나거나, 다른 도화성을 만나는 것이다.

자오궁(子午宮)에 파군 : 반드시 염상(廉相)이 비추어, 그 영향으로 유화적이고, 세심하며 똑똑하지만, 그럼에도 병(丙)·경년생(庚年生)은 반기지 않으니, 천이궁에서 화기(化忌)를 만나는 조합이 되기 때문이다. 파군은 화성·영성이 동궁하는 것이 마땅치 않으니, 파군의 불안정성을 증가시키며, 외조를 거의 받지 못하고, 매사에 반드시 손수 나서서 해야 하며, 아울러 일생 분주히 돌아다니며 애쓰고 고생이 많다는 뜻이다.

남명은 침착하고 세심하고 똑똑하고 내심 생각은 많으나, 감정의 절제가 잘 안되고 한번 성질이 폭발하면 제어가 잘 안 된다. 대궁에 염정의 영향으로 질투심이 아주강하고 의심도 많다. 여명은 외모와 허영심이 많고 물질생활의 만족을 추구하며, 심리적으로 늘 공허감이 있다. 성격은 약간 신경질적이며 집착이 심하고 고집이 있고, 재미있게 해주면 상당히 좋아하나 본인의 성정이 약간 변덕스러워 때에 따라서는 좋고 때에 따라서는 싫어한다.

인신궁의 파군 : 개성이 강하고, 사고방식이 혁신적이며 열심히 노력하나, 다만 잘 나갈 때 위기의식이 부족하고, 성격이 급하여 실패를 만나기 쉬우며, 따라서 무엇이든 급하게 서둘러서는 안 되고 차분히 진행하여야 한다. 육친과 다툼이 심하고 남명은 체면을 상당히 중요시

여기며 멋을 아주 잘 낸다.

도화성이 가회하면 주색을 상당히 밝히며 생활 또한 문란하다. 사람 앞에 드러나는 것을 매우 좋아하여 사람을 옆에 끼고 다니려 하고, 뭐든 열심히 하지만 낭비도 만만치 않다. 여명은 육친 부조화로 형제자매나 부부가 대부분 불화하기 십상이다. 성정은 강하고 우두머리 기질이 있으며 속으로는 남의 말을 잘 들으려 하지 않는다. 여명에게는 예술적 기질이 있어 요리, 문화, 건축, 예능에 재질이 있다.

(축미궁의 자미·파군은 자미 편을 참조하라.)

묘유궁의 파군 : 사고가 자유롭고 일을 자꾸 번복하며, 상황이 자주 바뀌며, 일생 기복과 파동이 있는데, 만일 행운(行運)에서 만나더라도, 횡발하고 횡파 한다는 뜻이며, 화성(火星)이나 영성(鈴星)을 만나면 감정적으로 매우 괴롭다. 염파의 조합은 또한 결혼에 불리하며, 애정생활이 복잡하고, 갑자기 사랑에 빠졌다가도 갑자기 후회하며, 애정에 대해서 쉽게 생각하고 자기 본위가 많으며 오직 그만이 다른 사람을 버릴 수 있고 다른 사람이 그를 버리는 것은 용납하지 못하고 질투 또한 상당히 강하다.

염정·파군 조합은 일을 하거나 성취가 쉽지 않은 조합으로 갑자기 하다가 갑자기 바꾸고 일을 쉽게 생각하며 자주 바꾼다. 남명에 염정·파군은 개성이 강렬하여 남에게 강한 인상을 주며 자신에 고집만 피운다. 여명은 좀 더 자유분방하고 개성적이며 나가다니길 좋아하며 답답한 것을 싫어하며 멋 내고 환상을 좋아하고 신비로운 것에 빠지기 쉽다. 남녀가 공히 기질이 겉으로는 남을 위하나 속으로는 자기가 우선이며 실리에 강하고 은근히 남을 누르려고 하는 기질이 강하다.

염파(廉破)의 조합은, 그 기운이 지나치게 강하여, 반드시 자기 방식을 고집하며, 크게 흥하다가도 크게 망하고, 인정과 의리가 없으므로, 녹존이나 록이 와서 화해를 하여 그 성질을 개선해 주는 것이 좋으며, 그렇지 못하면 좋다고 할 만한 것이 없고, 만일 신궁(身宮)이 천부이거나 혹은 명궁이 공겁을 만나게 되면 염파(廉破)를 극제할 수 있게 되어, 신궁(身宮)이 나머지 다른 궁위에 떨어지는 것보다 좋으니, 중년을 지나게 되면 점점 더 좋아진다.

진술궁의 파군 : 천라지망이므로, 장애와 좌절이 많고, 늘 의욕은 있어도 능력이 따르지 못하며, 뜻이 있어도 펼치지 못하는 감이 있다. 파군이 명신궁이 살·파·랑을 만나고 살기형모를 만나면 남명은 개성이 강하고, 의심병이 심하며, 옛것을 싫어하고 새것을 좋아하며, 실속 없이 겉만 번지르르한 명예와 이익을 추구하는 생활을 하고, 제약을 받는 것을 싫어하며, 늘 생각이 이럴까 저럴까 오락가락하고, 착실하게 일을 하기 어려우며, 눈앞에 이익이 보이기만 하면, 일을 저지른다.

술궁의 파군이 있으면 술궁은 화고(火庫)이기에 수성(水星)의 파군이 경양과 타라가 가회를 하면 일시에 천라지망을 뚫어 머리가 총명하고 욕망이 강하고 목표의식이 뚜렷해서 좋다. 하지만 살기(煞忌)가 하나만 더 가해지면 천라, 지망이란 그물이 구멍이 커서 고기가 다 빠져 나가므로 결국 남는 것이 하나도 없게 된다. 그것이 진술궁의 장단점이다.

여명은 겉에 보이는 옷차림과 화장을 중시하며, 허영심이 있고, 또한 명품을 선호하는 사람이다. 개성이 약간 신경질적이며 게다가 성격이 고집스럽고 남의 결점을 잘 들추어내며, 남에게 하기 싫은 일을 강요하기 잘하며, 상대방을 흠집 내고, 감정이 불안정하다.

(사해궁의 무곡·파군은 무곡 편을 참조하라.)

보좌성輔佐星, 살성殺星, 잡성雜星

가. 보좌성輔佐星

보좌제성은 천괴(天魁)·천월(天鉞)·좌보(左輔)·우필(右弼)·문창(文昌)·문곡(文曲)·녹존(祿存)·천마(天馬) 등 총 8개의 별이 있다.

보좌제성은 보성(輔星)과 좌성(佐星)으로 나뉘는데 보성(輔星)은 천괴·천월·좌보·우필이고, 좌성(佐星)은 문창·문곡·녹존·천마이다.

천괴(天魁)·천월(天鉞)은 사회제도의 변화에서 오는 유리한 시험제도나 지인들의 추천서, 또는 집안의 후광 등이다.

천괴(天魁)는 양화에 속하고 천월(天鉞)은 음화로 모두 남두성계이다. 인물됨이 중후하고 부드러우며 선비풍이 난다. 지식이 해박하고 정의감이 있으며 자애로움이 있어 인자한 모습이다. 명궁이나 전택궁, 복덕궁에 거하는 것이 좋으며 록(祿)이나 녹존(祿存)으로 인동하면 반드시 길한 일이 생긴다.

좌귀향귀(座貴向貴)는 명궁과 신궁에 천괴(天魁)·천월(天鉞)이 나뉘어 동궁 하는 것을 의미하는데 제도나 법령 등이 바뀌면서 발탁이 되는 것을 의미한다.

좋아하는 별로는 자미·천부·태양(낮생인)·태음(야생인), 그 다음이 염정과 칠살 이다. 이 별에 살기제성이 충파 하지 않고 록이나 녹존이 삼합이나 명궁으로 동궁하면 길상으로 상격에 해당된다.

천괴(天魁)는 화성(火星)을 싫어해서 제의나 기회가 오면 머뭇거리거나 머리회전이 빠르지 못하다. 천월(天鉞)은 영성(鈴星)을 싫어해서 기회가 와도 잘 모르고 잡지를 못한다.

천괴(天魁) · 천월(天鉞)은 경양(擎羊)과 타라(陀羅)도 별로 좋아하지 않아 위인이 가볍고 경박하게 흐른다.

천월(天鉞)은 홍란 · 천희 · 함지 · 천요 등이 있으면 도화로 흐를 가능성이 높아 후에 감정 때문에 일을 그릇 칠 수 있다.

좌보(左輔)는 양토(陽土)에 속하고 우필(右弼)은 음수(陰水)에 속하며 북두성계이다. 좌보 · 우필은 동창, 후배, 사회친구, 이성 등에서 오는 조력이다. 명궁에 있으면 사람들 사이에서 중심적 역할을 하고 관대하며 낙관적이고 중재를 잘하며 남의 일에 성심으로 하며 마음의 위로를 아주 잘한다. 좌보 · 우필은 동궁 하는 것이 제 일격이고 명궁을 협하는 것이 제 이격이고 삼합에 보는 것이 그 다음이다.

좌보(左輔) · 우필(右弼)을 좋아하는 성계로는 자미 · 천부 · 태양 · 태음이다.

좌보(左輔)와 우필(右弼)이 싫어하는 성계로는 다음과 같다. 천량의 떠도는 성질을 싫어하고 천기의 변화가 많은 것을 두려워하며 거문의 시비구설을 싫어하고 무곡의 단호함은 기질이 맞지 않아 싫어한다.

문창(文昌)은 양금(陽金)에 속하고, 문곡(文曲)은 음수(陰水)에 속한다. 좌요(佐曜)는 스스로가 노력한 만큼 받는 것이다.

문창(文昌)은 정도공명으로, 총명하고 공부하기를 좋아하며 차분하고 논리적이며 명쾌하다. 살기(煞忌)가 동궁하거나 삼방에 있으면 침착함이 부족하고 겉 치례를 좋아하고 실수를 잘 인정하지 않거나, 피하려고만 하는 가벼운 성격으로 변한다.

문곡(文曲)은 이도공명으로 변지(辯智)의 별이다. 말솜씨가 좋고 설득능력이 뛰어나다. 살기(煞忌)가 있으면 변죽만 늘어놓고 성실하지 못하다. 문창·문곡은 두 별 모두 예락지성으로 결혼 상례 등을 관장 한다.

천마(天馬)는 양화(陽火)이고 좌요(佐曜)에 속하며 변동을 주관하는 별이다. 성격은 외모에 치중하고 사교성이 좋다, 살기형모가 삼방으로 비추면 허황되고 돌아다니는 것만 좋아하며 허영심이 많다.

천마는 역마의 별로 이동수를 조정하는데 주로 유학, 이민 등 장거리 이동을 주관하고 이사도 먼 곳을 주관한다. 천마는 녹존이나 록이 동궁 하는 것이 가장 좋다. 이렇게 되면 "녹마교치"하여 재관이 발달 한다.

천마는 타라를 보면 출행에 지장이 생기고 화성·영성을 보면 출행 전후에 다툼이 생긴다. 천마가 가장 싫어하는 것은 지공·천공으로 공성(空星)을 싫어하는데, 고생만하고 실질적 소득이 없으며 허영심이 가득하고 환상적이다.

녹존(祿存)은 음토(陰土)에 속하며 머리가 총명하고 침착하며 온화하다. 녹존의 기본 뜻은 "인생의 기회"라는 말인데 녹존이 명(命)에 있는 것은 다른 사람보다는 기회가 좀 더 있다는 뜻이다.

선천 녹존에 대한의 록이 인동하거나, 대한 녹존과 중첩이나 삼합으로 인동하면 머리가 비상하다. 머리가 좋은 것도 바로 녹존에서 오는 것이다. 또한, 녹존은 길한 일에는 모두 인동 하여 길사의 대표이며, 흉사에는 또한 종종 화기(化忌)로 충(沖) 하거나 동궁 한다.

좌성(佐星)은 문창(文昌)·문곡(文曲)·녹존(祿存)·천마(天馬) 등 총 4개성이 있는데 좌성(佐星)의 개념은 반드시 본인의 노력여하에 따라 좋고 나쁨이 결정된다. 노력이라 함은 대한 록이나 화권·화과 등이 인동 해야 하는 것으로, 단지 녹마교치가 되어 있으니 부격(富格) 이라는 생각은 버려야 한다.

나. 살성殺星

경양(庚羊)은 양금(陽金)에 속하고 형(刑)적인 속성과 화권(化權)을 품고 있다. 경양은 독좌를 하면 사고가 직선적이고 성급하며 본인위주이며 기분파이다. 경양이 묘왕지에 거하면 호탕하고 결단력이 있으며 진솔 하며 재치가 있다.

함약지에 거하면 자신만 돌보고 시비가 중중하며 타인에게 베풀지 않고 다툼을 즐긴다. 진・술・축・미의 사고(四庫)에 거하면 경양은 격발을 받아 투쟁력이 있고 사고가 진취적이고 물러섬이 없다. 자・오・묘・유궁은 약지로 대체로 형극이 많다.

경양은 형살이라는 속성을 지니고 있어 기본적으로 파괴력과 쟁투가 있다. 형살은 군사, 경찰, 외과의사 등이 좋은데, 삼길화와 육길성이 가회하면 매우 아름답다.

경양이 싫어하는 성계로는 염정(廉貞)과 거문(巨門)이 으뜸이다. 염정은 경양의 격발을 잠재우고 오히려 구설수를 키우는 성질이 있고, 거문은 기본성질이 수성이지만 안에는 음토(陰土)의 성질이 있어 경양의 금(金)을 습기가 많은 흙으로 묻는 성격이 있으므로 고립무원이 된다. 심지어 화살이 본인에게 돌아와서 자살격국이 되는 경우도 있다.

두 번째는 탐랑으로, 폭발폭패가 숨어 있어 별로 좋지는 않다. 탐랑이 오궁에 있으면 "목화통명(木火通明)으로, 탐랑이 목성이 지지인 오궁을 도와 힘을 갖는다." 그리고 경양과 동궁하여 마두대검(오궁에 동음이 경양과 동궁・오궁에 탐랑이 경양과 동궁) 이지만 정격이 아닌 비격(차격)이어서 별로 좋지는 않다. 탐랑의 마두대검은 폭발 후에 항상 구설이 따르고 파재가 일어나니 그 점을 조심해야한다.

세 번째는 무곡으로, 경양과 무곡이 동궁하면 무곡은 정신적으로 남을 계도하는 별이고 경양은 기본적으로 상대와 투쟁을 벌이는 별이므로 두별의 성질이 충돌한다. 이 두 별은 삼방에서 만나는 것이 좋다.

네 번째는 태양과 태음으로, 경양(擎羊)을 만나면 사람들과 시비구설이 생기고 주변 사람들이 떠난다. 그리고 일월이 양인을 만나면 삼방에는 반드시 거문이 있어 거·화·양 (소위 자살하는 격국)으로 번질 소지가 아주 많다. 그러므로 일월의 입장에서 거문을 좋게 하려면 무한정 빛을 방출해야 하는데 아무래도 한계에 부딪친다.

타라(陀羅)는 음금(陰金)에 속하고 화기(化忌)의 속성이 있다. 성정은 고독하고 고집이 세며 질투심이 많다. 경양은 상대방을 보며 싸우지만 타라는 보이지 않는 적과 싸우는 것으로 현대에서는 인터넷의 위해성 글과 같은 속성이라 판단하면 쉽다.

또한, 타라가 있는 명은 음해를 하기도 하고 당하기도 하므로 처신에 각별히 유념해야한다. 타라는 경양과 마찬가지로 진·술·축·미 사고지에 임하면 진취적이고 모든 일에 진중하며 물러설 때와 나아갈 때를 잘 안다.

타라가 함약지에서 살기형모가 중중하면 마음이 떠있고 한곳에 정착하기 힘들며 가정이나 사업에 집중을 못한다. 타라가 단수하거나 흉살이 동궁하면 더욱 흉하여 생각은 격동적인데 행동은 머뭇거린다.

경양(庚羊)은 상대방의 말이 끝나기도 전에 싸우려하고, 타라(陀羅)는 이미 머릿속으로 싸우나 현실적으로는 상대방과 대화를 하는 이중적인 구조로 머릿속이 헝클려진다. 타라가 복덕궁에 있으면 이런 성향이 더욱 증가한다.

경양은 광대뼈나 외부의 골격을 의미하고 타라는 치아, 손마디, 발마디 등을 의미하는데, 몸의 구조로 보면 경양은 몸의 오른쪽을 담당하고 타라는 왼쪽을 담당하며 만약, 몸에 질병이 오거나 다치면 경양은 주로 오른쪽 부위에 손상이 있고 타라는 주로 왼쪽으로 치우친다. 경양은 화성과 동궁하면 제련되어 좋은 구조로 흐르고 타라는 영성과 동궁하면 역시 같은 제련의 효과를 본다.

타라(陀羅)는 인·사·신·해궁에서 탐랑(貪狼)과 동궁하면 "범수도화"라 하여 도화를 조심해야한다. 주위환경이나 훈육을 통해서 안정시킬 수 있다. 인신궁은 "풍류채장"으로 돈이나 물질 향락에 빠지는 것을 의미한다. 풍류채장은 공성(空星)과 천형(天刑)이 동반하면 풍류채장이 안 된다.

타라(陀羅)는 거문(巨門)과 동궁함을 싫어해서 자칫 도화성이 동궁하거나 가회하면 성병에 걸리기가 쉬운데 이는 거문의 밤과 타라 의 이슬이 만나서 밤에 이슬을 맞고 돌아다니는 것을 의미한다.

화성(火星)은 양화(陽火)에 속하고, 영성(鈴星)은 음화(陰火)에 속한다. 둘 다 화기(化氣)는 기모(忌耗)이다. 화성·영성이 길성과 동궁하면 생각이 많고 아이디어가 풍부하며 생각이 진취적이고 다정다감하다. 주로 탐랑(貪狼)과 동궁하면 대발하고 경양과 동궁하면 제련이 되어 그릇이 크다. 그러므로 화성은 묘왕지에 있으면서 단수보다는 동궁하는 정성이 좋아야 한다.

함지의 화성(火星)은 생각이 짧고 미련하며 일에 감정이 앞선다. 쓸데없는데 고집을 부리고 강해야 할 때에는 인정을 베풀어서 마치 바람에 이는 갈대와 같이 흔들거린다. 부처궁에 화성(火星)이 단수로 있으면 대부분이 몸집이 비대하고 또 주변지인의 소개가 주종이다.

화성(火星)은 경양과 동궁하면 좋고 탐랑(貪狼)도 좋아하며 자미·칠살도 좋아한다. 이 모든 것이 진취적이고 적극성을 띠기에 좋다.

화성(火星) 또는 영성(鈴星)이 문창·문곡을 만나면 무너져가는 집에 들어가는 꼴이니 각별한 주의가 요망된다. 파군이 화성·영성을 만나면 쓸데없는 허망한 일을 만든다. 이럴 때는 부수고 깨는 직업을 가지면 오히려 좋다. 또한, 화성・영성은 음살・용지・봉각과 동궁하면 점(占)과 관계가 깊다.

화성(火星)이나 영성(鈴星)이 협한 궁원은 결국 쓸모없게 된다. 화성・영성이 싫어하는 성계는 천기・천동・거문・천량・천상이다.

지공(地空)은 음화(陰火)에 속하고 지겁(地劫)은 양화(陽火)에 속한다. 공겁은 고독하고 파재를 잘하며 재난이 많고 하는 일이 허망하며 전통에 반하길 좋아하고 주변사람들과 소통의 부재가 있다. 사해궁에 공겁이 있는 명은 양중화개격(兩重華蓋格)으로 주로 예능이나 기예가 출중하다. 다른 궁에서는 기본적으로 재물이 손에서 녹아내리는 격이다.

그러나 다 흉한 것은 아니고 길성이 동궁하거나 삼방에 있을 때에는 "자신을 낮춘다." 라는 의미가 있는데 사람을 대할 때에 자신을 겸손하게 낮추며 예를 갖추거나 주장을 강하게 내세우지 않는다는 것이다.

지공(地空)은 정신에서 흉함이 오기에 복덕궁에 있으면서 살성을 만나면 무척 괴롭고 평생 머릿속에 남는다. 지겁(地劫)은 물질에서 흉함이 오므로 재백궁이나 전택궁에서 살기형모를 만나는 것을 아주 두려워한다.

공겁은 행동력이 강한 별과 동궁하는 것을 매우 좋아하는데 무곡・칠살・탐랑・파군 등이고, 싫어하는 별은 천기・거문 등 사고를 요하는 별이다. 또한, 태음・천부 등에 동궁하면 허상이 많고 위험한 행동을 곧 잘한다.

화공즉발(火空則發)은 지공(地空)이 사오궁(巳午宮)에서 화(火)・영(鈴)을 만나는 것으로 갑자기 발전하거나 재복이 쌓이는 것을 의미한다. 금공즉명(金空則鳴)은 신유궁(申酉宮)에서 금성(金星)과 만나는 것으로 명예나 명성이 높아지는 것을 의미한다.

다. 기타 잡성雜星

천상(天傷)은 양수(陽水)에 속하고 허모(虛耗)의 별이고 천사(天使)는 음수(陰水)에 속하고 재병(災病)을 나타낸다. 천상·천사는 언제나 천이 궁을 협 한다. 전서에서는 "사·한 운에 육친이 죽고 전염병이 돈다,"는 격으로 흉하게 본다. 두별은 형노선과 부질선에 있는데 형노선은 재난의 궁위이고 질액궁은 말 그대로 질병의 궁위로 두 궁선에 살기형모가 충 하면 매우 안 좋게 된다.

천상·천사는 천기·거문을 별로 좋아하지 않는다. 병이 많아지고 재화가 심해 고생이 끊이지 않고 사살이 충파하면 관송이나 질병이 더욱 깊어 흉이 더한다. 천상(天傷)은 금성을 좋아하고 화성을 별로 좋아하지 않고, 천사(天使)는 토성을 별로 좋아하지 않는다.

천형(天刑)은 양화(陽火)로 규제와 규범을 뜻한다. 천형의 규율은 범주, 틀, 경계등을 나타내며 스스로 자제력이 있다. 천형은 문창·문곡을 좋아하여 총명하며 규율을 좋아하고 통제를 잘한다. 천형은 고극성을 띠기에 육친에게는 불리하며 질액궁 또한 좋지 않아 병이 잘 낫지 않는다. 화기(化忌)와 동궁하고 태양·거문과 동궁하면 형벌을 주관하고 태양·천량과 동궁하면 오히려 소송을 의미한다. 양인과 동궁하면 피를 보는 직업을 갖는다.

천요(天姚)는 음수(陰水)로 방종과 접대를 의미한다. 도화성계 중에 비중이 조금 약하다. 천요(天姚)는 주로 환담과 만남에서 비롯하여 짧은 사랑으로 발전하는데 삼방에서 천형의 화기(化忌)가 충 하거나 천요에 록이 인동 하는 대한이나 유년에 주로 발생을 한다.

천요가 동궁하는 정성이 좋으면 풍채가 좋으며 언변이 있는 걸로 해석하며, 부처궁에 있으면 재혼할 경우가 있다. 천이궁에 있으면 외지의

도움이 있어 길하다. 다만, 함지·홍란·천희 등과 삼합에서 만나고
천형이 화기를 만나면 도화가 발생하는데 도화 중에는 가장 약하다.

함지(咸池)는 음수(陰水)에 속하고 남자와 여자의 성기를 뜻하며 실질
적 육체관계를 의미한다. 색을 좋아하고 풍류를 즐기며 천덕·월덕과
동궁하면 재예로 발전한다.

함지(咸池)는 염정·탐랑과 동궁하면 아무리 좋아도 결국 도화로
감정이 복잡해지고 거문과 동궁하면 색으로 구설시비가 증가하며 남모
르는 추한소문이 천리를 간다. 문창·문곡과 동궁하고 록이나 녹존을
보면 이성에게 도움을 받는다. 관록궁에 함지가 거하면 유흥업에 종사하
며 복덕궁에 거하면 허영심이 가득 차게 된다. 함지는 얼굴에 유혹하는
기운이 있어 일명 농염살이라고 한다.

홍란(紅鸞)은 음수(陰水)에 속하고 천희(天喜)는 양수(陽水)에 속한다.
홍란은 결혼을 주관하는 성계이고 천희는 생육이나 임신을 뜻한다.
남녀 모두 홍란·천희가 있으면 얼굴이 미남 미녀다.

홍란(紅鸞)은 사람들과 교류가 많고 어울리기를 좋아하며 천마(天馬)
와 동궁하면 여행을 즐긴다. 공성(空星)을 만나면 모든 일이 정체가
되고 늦어지며 재백궁이나 관록에서 만나면 투기성을 즐긴다. 홍란(紅
鸞)·천희(天喜)에 화기(化忌)가 있으면 치장의 의미도 있는데 성형수술
등을 한다.

홍란·천희는 중년시절에는 도화로 인동 하지만 노년에는 상처로
본다. 홍란이 명궁인 사람은 작은 선물이라도 주위사람에게 곧 잘 주는
버릇이 있다. 천희는 주로 얼굴이 하얀 피부색에 차가운 인상이다.
사람과의 교류를 좋아하지만 홍란처럼 드러내지는 않고 차분하다.

천희가 유년 전택궁에 있으면 자녀출생을 하든지 집안 식구가 늘어난
다. 천희가 형노선이나 전택궁에 들어가면 외지의 사람들이 집안으로

모여드는 일이 발생한다. 공히, 두별이 모두 예술성을 띠고 있어 예술적 감각으로도 본다.

천곡(天哭)은 양금(陽金)으로 서로 마음이 안 맞는 것을 의미하고 천허(天虛)는 음토(陰土)로 아무것도 없음을 주장하는 성계이다. 천곡은 육친궁에 동궁 하는 것이 흉인데 복덕궁도 역시 마찬가지이다.

복덕궁의 곡, 허가 있으면 상심과 허무가 더욱 증가하여 비관을 잘한다. 천곡(天哭)은 염정·거문과 동궁하면 마음에 병이 들기 쉽다. 천허(天哭)는 공허함인데 물질적 빈곤에서 주로 온다. 재백궁이나 전택궁에 거함을 좋지 않게 본다. 천허는 공겁이나 대모·소모·파군을 별로 좋아 하지 않아서 일생에 고난이 따른다.

공히·두별 모두 허무·상심·소모를 주장하므로 정서적인 성계인 거문·천동·염정과 동궁 하는 것이 별로 좋지는 않다. 또한, 낙함한 일월과 동궁하면 정서적으로 문제가 발생한다.

삼태는 양토(陽土)에 속하고 팔좌는 음토(陰土)에 속 한다. 예로부터 왕의 행차 시 의장을 의미한다. 그러므로 자미·천부·태양·태음·천량과 동궁 함을 좋아한다. 부모궁에서 삼태·팔좌를 보고 주성(主星)의 정요가 좋으면 높은 벼슬을 한 가문이라 하였다. 그러나 단성으로 들어가서 도화제성을 보면 부모가 이혼할 구조로 본다. 삼태·팔좌와 좌보·우필이 삼방에서 보면 피차 힘을 증가시키는데 주성이 좋으면 더욱 증가한다.

해신(解神)은 연해(年解)와 월해(月解)로 나누는데 생년이나 생월로부터 짚어가면 된다. 해신은 원래 "매듭을 풀어낸다."란 뜻이므로 여러 해를 거쳐서 풀리지 않는 문제는 해신이 있는 유년에 풀린다.

그러나 그 문제가 길이나 흉이냐는 해신으로는 알 수가 없고 단지, 삼방사정에 가화하는 성계로 판단한다. 해신에 풀린다는 의미는 그 자체가 없어진다는 의미여서 육친궁에 들어가는 것을 가장 불리하게 생각하여 오래 앓았던 육친이 돌아가는 것으로 상복의 의미도 포함한다. 또한, 해신이 질액궁에 들어가면 좋기도 하고 나쁘기도 한데, 좋은 의미는 가령 위험한 질병이 사라진다는 뜻이고, 살기형모가 충하면 건강이 사라진다는 의미도 포함된다.

천무(天巫)는 유산과 중재를 의미한다. 즉 천무는 조상의 유업을 이어 받거나 상속을 의미하는데, 천무와 재성이 자녀궁에 있으면 자녀가 사업을 승계한다. 천무가 관록궁에 있으면 승진하거나 사장의 측근이 된다. 그러므로 천무는 천괴·천월과 동궁하거나 삼합에서 만나는 것을 좋아한다. 천량·천형·경양이 만나면 집안에서 유산으로 다툼이 생기거나 주변인들과 금전문제로 소송한다.

은광(恩光)은 양화(陽火)에 속하고 천귀(天貴)는 음화(陰火)에 속한다. 은광과 천귀는 상장·포상, 특별한 위치를 부여하는 것으로 가령 특허를 출원하여 그로 인해 얻는 이익이나 명성을 대변한다.

상재에서는 독과점으로 인한 득재를 말하기도 한다. 은광은 상장과 훈장이고 천귀는 명예직·전문직·최초 개발자등을 의미한다. 은광·천귀가 좋아하는 성요는 자미·천부·태양·태음을 가장 좋아한다. 은광·천귀가 부처궁을 가회하면 처로부터 결혼재물을 얻는다. 또한, 문창·문곡과 가회하면 고시에 이롭다.

용지(龍池)는 양수(陽水)에 속하며 남자의 별이고, 봉각(鳳閣)은 양토(陽土)에 속하며 여성의 별이다. 용지·봉각은 도량이 넓고 교양이 있으며 청귀(淸貴)와 깨끗함과 고고함을 나태 내는 성계로 살기(煞忌)가 충파하면 진흙탕에 떨어진 한 송이 백합과도 같아 성정이 오만해지며 정신착란을 일으킨다.

용지·봉각이 부상격(府相格)과 가회하면 풍채가 좋고 인물됨이 군자와 같다. 용지가 칠살과 동궁하여 질액궁에 거하면 노년에 귀가 멀고,

봉각은 미각을 잃어버린다. 용지·봉각이 창곡과 회조하면 고시에 이롭고 재예가 출중하며 건축과 인테리어에 능하다. 도화성과 동궁하면 예술성을 증가시키는데 길성과 동궁하면 전문 예술인이 된다.

고진(孤辰)은 양화(陽火)에 속하고 과숙(寡宿)은 음화(陰火)에 속한다. 고진·과숙은 고독하고 외롭게 되는 성계로 육친궁에 있는 걸 두려워한다. 육친궁에 있으면 소통부재, 독립, 외로움 등을 나타낸다. 대표적으로 정신적 소통이 안 된다. 고진·과숙이 싫어하는 정성으로는 무곡·천량·거문·칠살·파군등으로 동궁하면 이런 성질을 증가시킨다. 고진과 과숙이 삼방사정에 길성이 회조하면 초년에 독립심이 강하여 부모에 의지하지 않고 자수성가를 한다.

천관(天官)과 천복(天福)은 모두 양토(陽土)에 속한다. 천관은 관록을 주관하고 천복은 복(福)과 수(壽)를 주관한다. 천관은 관록·관직을 주관하며 주성은 태양이나 자미·천량·화과(化科) 등을 반기며 역시 괴·월이 주는 기회를 반겨서 벼슬길로 나아가게 된다.

복덕궁에 천복(天官)이 있고 신궁(身宮)에 천관을 보면 명문가 출신이거나 집안이 지역의 유지이다. 천복은 복(福)과 수(壽)를 주관하며 천동과 동궁하면 기이한 기쁨이 생기고 천요(天姚)와 동궁하면 유흥업소에 자주 들락거린다. 성정은 일반적으로는 낙천적이고 남과 다툼을 좋아하지 않으며 호의를 곧잘 베푼다.

천재(天才)는 음목(陰木)·천수(天壽)는 양토(陽土)이다. 천관·천복과 함께 4선요라 칭한다. 선요는 부드럽고 긍정적이며 부정적인 성질이 적은 것이다. 천재가 비추면 총명하다는 뜻이다. 특히 녹존과 동궁하면 거의 머리가 천재이다. 천재의 총명은 주성의 성질과 배합되어 발휘되어야 하며, 자미·태양·천기등과 동궁하면 머리가 총명하고 특히 천기와 동궁하면 사고가 민첩하고 책략가에 기교가 뛰어나다.

하지만 살기가 충파하면 심계(心計)가 있어 조심해야한다. 문창과 동궁하면 학습능력이 뛰어나다. 용지·봉각과 동궁하면 손재주가 매우 뛰어나다. 천수는 수명을 늘리거나 일을 오래 끄는 성질이 있는데 외모가 점잖고 조숙하며 침착하고 성숙한 것 등이다. 가령 부처궁에 들어가면 경우에 따라서 연령 차이가 크게 된다. 천량과 동궁하면 연장자를 배우자로 맞이하기도 한다.

비렴(蜚廉)은 양수(陽水)에 속하며 소인배를 뜻하고 준 도화의 의미도 포함이 된다. 위인이 속이 좁고 기분 내키는 대로 행동하며 사람등 뒤에서 비방을 잘한다. 전택궁(田宅宮)에서 비렴을 보면 사는 집이나 땅에 뱀이나, 개미, 바퀴벌레가 있다. 천기나 거문에 화기와 동궁하면 민사소송을 의미하기도 한다.

파쇄(破碎)는 음화(陰火)로 재물의 소모, 실재, 소실을 의미한다. 위인이 즉흥적이고 낭비가 심하며 외모를 꾸미기를 좋아한다. 파쇄는 재성(무곡·태음·천부 등)과 동궁하면 재물을 버는 동시에 낭비가 되므로 좋지 않다. 복덕궁에 거하면 치장에만 관심을 두고 나가 다니기를 좋아한다.

천월(天月)은 질병을 의미한다. 원래는 고질병이나 유전병을 의미하는데 유행성질환에서도 자주 등장한다. 천월이 천이궁에 있으면 출행이나 장기간 외출을 주의해야 하는데 자칫 지역 풍토병에 걸릴 우려가 있다. 천월이 재백궁에서 살기와 동궁하면 파재를 의미한다. 관록궁에서 길성과 회조하면 의약업을 전문으로 하는 직업을 얻는다.

태보(台輔)는 양토(陽土)에 속하고 봉고(封誥)는 음토(陰土)에 속한다. 태보는 명망이나 명예를 주관하는 별이고 봉고는 주로 영화로 얻어지는 물질이나 재물을 의미한다. 화과(化科)와 동궁 하는 것을 좋아하는데 시험이나 고시에 유리하다. 창곡과 살기형모가 동궁하면 육친이 사망하는 의미도 있다.

천수(天壽)는 양토(陽土)에 속하고 수명을 관장한다. 명궁이나 복덕궁에 거하는 것을 좋아하여 장수를 한다. 천량과 동궁하면 중병을 겪기도 하는데 종내 위험하지는 않다. 부처궁에서 자미·천부·천량들과 동궁하면 부처가 본인보다 나이가 많음을 뜻한다.

화개(華蓋)는 양목(陽木)으로 성정이 고고하고 이상적이며 철학, 사상, 종교를 좋아한다. 화개가 공성을 만나면 현실에 뜻이 적어지고 출가를 하며 병자는 때로는 사망에 이른다.

대모(大耗)는 양화(陽火)로 손실, 손해를 나타나며 도화제성을 보면 도화로 인한 파재를 암시한다. 대모는 손재를 의미하므로 공겁과 만나는 것을 꺼리며 파군과 동궁하는 것을 싫어한다. 궁으로는 전택궁이나 부모궁에 들어가는 것이 좋지 않아서, 유산이나 조업을 파탕 낸다.

용덕(龍德)·월덕(月德)·천덕(天德) 중 용덕은 정부나 기관에서 주는 이익과 보장을 의미하고 용덕이 명궁에 있으면 인생이 안정적이 된다. 월덕과 천덕은 사람들로 부터 오는 이익이나 도움이다. 이세가지는 주로 해신과 비슷한 성향이 있어 유년에 만나면 풀리는 의미도 포함한다.

천주(天廚)는 국가나 지역단체에서 오는 일종의 위로금이나 보조금 형태로 전택궁이나 명궁에 거함을 좋아한다. 또한, 천주는 음식과 관련이 있어 요리를 잘하거나 무곡·칠살과 동궁하면 요리 집을 차리기도 한다.

박사(博士)는 총명을 의미하고 창곡과 동궁하면 재기 발랄하고 생기가 넘치며 지혜가 출 중하다. 화과(化科)를 만나면 등용의 의미도 있어 명예를 뜻하기도 한다.

역사(力士)는 권력·권세등을 의미하며 동궁하는 성계의 능력을 증가시킨다. 화권(化權)과 동궁하면 힘이 배로 증가한다.

청룡(靑龍)은 총명하고 재능이 있으며 특히 재물의 증가를 뜻하여 명궁이나 재백궁에 들어가면 재기를 증가시키고 재성과 동궁하는 것을 좋아한다.

소모(小耗)는 재물의 소실을 뜻하며 성격은 가볍고 속이 좁다. 또한, 소모가 관록궁에 있으면 일의 실수가 자주 있다.

장군(將軍)은 권세와 위풍을 상징하는데 품위가 있고 풍채가 좋다. 천부와 동궁하면 위세가 좋고 천기와 동궁하면 계획을 잘 세운다.

주서(奏書)는 문서에 관한 것으로 주서가 명궁에 있고 화과(化科)나 문곡(文曲)이 동궁하면 명필이다. 또한, 살기형모가 있고 창곡이 동궁하면 문서상 문제로 관재구설이 따른다.

병부(病符)는 질병으로 대한이나 유년에서 만나면 질병이 생기는데 다른 의미로는 시비구설에 속한다.

복병(伏兵)은 음모나 장애, 지연을 뜻하며 천라지망이나 타라와 동궁하면 더욱 고난이 이어지고 비렴과 동궁하면 등 뒤에서 모함이 있다.

관부(官府)는 관재소송, 시비구설을 의미한다. 재성이나 재백궁에 들어가고 화기(化忌)를 만나면 재물로 소송하거나 파재를 한다. 칠살과 경양이 동궁하고 백호를 보면 형장의 의미도 있다.

장성(將星)은 조력을 받거나 경쟁에서 유리하게 되는 것을 의미하는데 명궁이나 복덕궁에 있으면 생기가 넘친다.

반안(攀鞍)은 명예가 높아지고 높은 위치에 오르며 신망이 높아지는 걸 의미한다. 좌보·우필이나 천괴·천월이 동궁하면 주위 사람들의 조력이 증가한다.

식신(息神)은 말 그대로 의지를 잊어버린다는 뜻으로 명궁이나 복덕궁에 있으면 의기소침해지거나 침울하다. 거문이나 염정과 동궁하는 것을 싫어한다.

겁살(劫殺)은 실재와 실패를 의미한다. 재성과 동궁하는 걸 싫어하고 재복선에 거함을 싫어한다. 무곡·화성·양인과 동궁하면 재물로 다툰다.

천살(天殺)은 명궁에 있으면 부친이나 남편에 불리하며 남명은 부친으로 인해 고충이 많아진다.

재살(災殺)은 홧병을 주관하고 주변에 마음이 통하는 사람이 없고 고독하고 쓸쓸하다. 또한, 병부와 동궁하면 질병이 발생한다. 명궁이나 질액궁에 거하는 것을 싫어한다.

지배(指背)는 암투와 시기질투를 의미하며 거문과 동궁하면 관송을 부르고 등 뒤에서 비방하는 것을 의미한다.

세마(歲馬)는 이동이나 이주를 주관하고 유년의 정성에 록(祿)과 기(忌)가 인동하면 이사를 하며, 천마와 동궁하면 해외로 출국할 운이 있다.

월살(月殺)은 여자에게 불리한 별로 분가나 분리를 의미한다. 또한 여자로 인해 돈을 쓴다는 의미이다.

망신(亡神)은 재물의 손재나 비방에 의한 손재를 의미한다. 또한, 물건 유실도 포함된다.

암기(暗氣)는 단절, 어두움, 정서적 불안함을 의미한다. 명궁이나 복덕궁에 거함을 싫어하고 거문과 염정을 싫어한다.

상문(喪門)은 상복을 의미하고 대한이나 유년에 록(祿)과 기(忌)가 충파하면 더욱 그렇다.

조객(弔客)은 조문이나 문상을 뜻하고 상복을 입기도 한다.

백호(白虎)는 관재가 일어나고 형장의 의미가 있고 조객, 상문과 삼방에서 록(祿)과 기(忌)가 충파하면 상복을 입는다.

장생(長生)은 생명력을 뜻하며 시작이나 발생을 의미하며 발전을 의미한다. 탐랑(貪狼)과 동궁하면 능력이 증가하고 천기와 동궁하면 재복이 증가한다.

목욕(沐浴)은 부부궁에 거하여 길성과 회조하면 부부간의 화합이나 금술이 좋은 것을 의미하고 천요·함지와 동궁하면 도화로 발전한다.

관대(冠帶)는 경사지신으로 합격이나 등용·창업 등의 별로 자미·천부·칠살과 동궁하면 사업개창의 의미가 있고 파군과 동궁하고 길성이 회조하면 대기업을 이룬다.

임관(臨官)은 경사지신으로 조력을 뜻하고 발탁이나 등용의 의미가 있다.

제왕(帝旺)은 힘이 가장 좋을 때를 의미하며 완성이나 극대화를 뜻한다. 동궁 하는 성계나 궁의 힘을 증가시키는 효과가 있다.

쇠(衰)는 시들시들 해진다. 약해진다, 뜻으로 동궁 하는 성계를 약화시키거나 궁을 약하게 만든다.

병(病)은 일시적으로 장애를 만나거나 지장을 초래는 것으로 질병과도 관련이 있다. 동궁 하는 성계를 무력화시키거나 궁을 병들게 만든다.

사(死)는 궁을 아주 약하게 만들거나 생기를 없애는 것으로 동궁하는 성계의 특징을 죽이는 작용을 한다.

묘(墓)는 잠재 돼 있는 능력을 의미하며 감추어져 있는 힘을 상징한다. 재백·관록·전택궁·복덕에 거함을 좋아한다.

절(絶)은 고독·고립·실망·소극을 의미하며 끊어짐을 의미한다.

태(胎)는 응집·생기·희망을 뜻하며 명궁이나 관록궁에 거함을 좋아한다.

양(養)은 증가하고 커지는 것을 의미한다. 재백궁에 거함을 좋아한다.

✱ 오정사의 기본 성질

성계의 암합은 천부·염정·무곡·파군·탐랑과 태양·천량·태음·천기·천동이다. 암합은 하나는 발산이고 하나는 수렴으로 서로 상극이면서 또한, 자신의 또 다른 내면의 얼굴을 보는 것과 같다. 위의 성계는 5대 암합의 구조로 나머지 4성계는 육합의 고정된 성계가 없다. 잡성 암합은 다음 편에 소개하기로 하고 5대 정(正) 암합은 아래와 같다.

탐랑(貪狼)과 천동(天同)은 영원히 육합관계로 탐랑은 발산이고 천동은 수렴이다. 성정은 착하고 성실하며 또한, 예민하고 소심하며 놀고먹기 좋아하며 게으르고 나태 하지만, 목표를 보면 저돌적으로 돌진하고 계략이 풍부하다. 천동은 허리신경이 약하고 탐랑은 허리근육이 약하다. 탐랑과 천동은 조금만 이루어도 자만감에 도취된다. 탐랑은 오로지 본인의 즐거움이 먼저이고 천동은 주변에 의지한다. 탐랑은 편법을 동원하지만 천동은 곧이 곧대로 이다.

천부(天府)와 태양(太陽)은 영원히 육합관계로 태양은 발산이고 천부는 수렴이다. 성정은 도전적이고 진취적이며 내유외강이다. 틀과 개혁을 좋아하고 직선적이고 날카로우면서 충돌한다. 불의를 보면 참지 못하고, 이기적이고 자신만 생각한다. 태양은 직접 싸우고 천부는 웃으면서 싸운다. 태양은 심장과 대장을 상징하며 천부는 대장의 기능을 담당한다. 술을 좋아하지는 않는다. 태양은 정도를 뜻하고 사람에게 이용을 당하나, 천부는 약간 편법적이고 사람을 이용한다.

무곡(武曲)과 태음(太陰)은 영원히 육합관계로 태음은 발상이고 무곡은 수렴이다. 성정은 가정적이며 성실하고 계산적이며 자신의 의지가 강하다. 무곡은 추수하는 곡식과 같고 태음은 그 밭을 소유하는 지주와 같다. 무곡은 의지가 상대방에게 있고 태음은 본인에게 있다. 무곡은 크게 주고 적게 받으며, 태음은 적게 주고 크게 받으려 한다. 무곡은 딱딱하고 규정이 있고, 태음은 부드러우며 규정이 불분명하다. 무곡은 폐를 관장하고 태음은 폐를 둘러싸는 신경다발이다.

파군(破軍)과 천기(天機)는 영원한 육합관계로 파군은 발상이고 천기는 수렴이다. 호기심이 강하고 머리가 총명하며 일을 잘 저지르며 엉망진창이 된다. 인연을 좋아한다. 파군의 인생을 걸고 시작하지만, 천기의 재미삼아 한다. 파군은 날아가는 화살과 같고, 천기는 화살을 당기는 시위와 같다. 파군은 전체를 살리려 하고 천기는 자신만 살려 한다.

염정(廉貞)과 천량(天梁)은 영원한 육합관계로 천량은 발산이고 염정은 수렴이다. 공명정대하고 총명하며 깐깐하고 은근히 욕심이 많으며 남의 단점을 잘 본다. 천량은 이상주의자며 타협을 모르나 염정은 약간은 불법적으로 깐깐하다가 이득을 따져본다. 천량은 사람을 질책하고 중재를 하나, 염정은 사람을 고립시킨다. 천량은 뇌의 혈관을 뜻하고, 염정은 뇌의 혈관에 흐르는 피를 뜻한다.

4대 성계는 자미·칠살·거문·천상으로 암합하는 성계가 아래와 같다.

자미(紫微)는 축미궁에서 파군과 동궁하고 천기와 암합 하며 성정이 강하고 책임감이 있으며 호기심이 많고 머리회전이 빠르다. 살기가 동궁하면 편애를 하며 고집이 강하고 독단적이며 이기적이다.

자미(紫微)는 인신궁에서 천부와 동궁하고 태양과 암합 하며 성정이 상당히 강하고 집안에 왕이다. 공명정대하지만 고집이 강하고 타협을 모르며 독불장군이다.

자미(紫微)는 묘유궁에서 탐랑과 동궁하고 천동과 암합 하며 놀고먹기 좋아하고 드러나는 것을 좋아하고 돈을 좋아한다. 누군가 내 이야기를 들어주는 것을 좋아한다.

칠살(七殺)은 묘유궁에서 무곡과 동궁하고 태음과 암합하며 사업의 능력이 탁월하다. 고독하며 계산을 잘한다.

칠살(七殺)은 인신궁에서 거문과 암합한다. 불굴의 의지이며 고생을 한다. 주변과 불협화음이 생긴다.

칠살(七殺)은 축미궁에서 염정과 동궁하고 천량과 암합하며 깐깐하고 중재를 잘한다. 대중 앞에 나서길 좋아한다.

거문(巨門)은 축미궁에서 천동과 동궁하고 탐랑과 암합하며 폭발폭패가 기본이다. 한순간에 나락으로 떨어진다. 인생의 낙폭이 크다.

거문(巨門)은 인신궁에 칠살과 암합한다. 성정이 강하고 고지식이다. 집안의 왕이다. 밀어붙이는 힘이 강하다. 대쪽 같다.

거문(巨門)은 묘유궁에서 천기과 동궁하고 파군과 암합한다. 호기심이 많다. 머리회전이 빠르다. 순진하며 주변상황에 느리다.

천상(天相)은 인신궁에서 무곡과 동궁하고 태음과 암합하며 자신의 틀을 중요하게 여긴다.

천상(天相)은 축미궁에서 거문과 암합하며 남을 의심하다. 돈 욕심이 많고 까다롭다. 잔소리를 심하게 한다.

천상(天相)은 자오궁에서 염정과 동궁하고 천량과 암합하며 욕심이 많고 정에 약하다.

자미두수 별자리 운행

　자미두수는 별을 포국하여 예측하는 학문으로 별의 움직임을 알아야 한다. 아래는 별의 운행과 계절별로 나타나는 별자리의 운행기록을 적은 것이다. 일반적으로 버스노선과 같아서 노선별로 지나가면서 만나기도 하고 같은 노선을 지나기도 하고 또한, 마주보며 운행을 하기도 한다. 삼거리에서는 삼각형의 형태로 운행을 한다. 천구판을 돌 때에 일어나는 현상으로 충(沖)과 삼합(三合)도 아래에서 이루어진다.

(자미·천부·염정·무곡·천상·칠살·파군·탐랑 계열의 운행)

　자미(紫微) : 북두의 주성으로 음토(陰土)에 속하고 임년(壬年) 겨울철에 북쪽 하늘에 떠 있다. 을년(乙年) 가을철에 동남간으로 이동하여 다시 떠오른다.

　탐랑(貪狼) : 탐랑은 북두의 제1성으로 양목(陽木)에 속하고 무년(戊年) 초봄에 동남방에서 보이고 기년(己年) 여름철에 남·서방에서 보이고 계년(癸年) 겨울철과 초봄 사이에 서북방에 보인다.

　파군(破軍) : 파군은 북두의 제7성으로 음수(陰水)에 속하며 계년(癸年) 초봄북쪽에서 출현하고 그 다음해인 갑년(甲年) 여름철과 가을철에서 북쪽으로 이동하여 그 빛이 가장 강렬하다.

염정(廉貞) : 염정은 북두의 제5성으로 음수(陰水) · 음화(陰火)를 가지고 있으며 갑년(甲年) 초봄 서 · 북쪽 하늘에 뜬다. 병년(丙年) 겨울이 되면 다시 남쪽 하늘에 뜬다.

무곡(武曲) : 북두의 제6성으로 음금(陰金)에 속한다. 기년(己年) · 경년(庚年) 초봄과 초여름에 서쪽하늘에서 보이고. 갑년(甲年) 여름철과 가을철에는 서북간으로 이동하여 보인다. 임년(壬年)이 되면 북쪽하늘에서 볼 수 있다.

천부(天府) : 남두의 주성으로 양토(陽土)에 속한다. 천부는 주로 다른 성좌에 가려져 그 특색이 나타나지는 않는다. 갑년(甲年)에는 염정에, 을년(乙年)에는 자미에, 경년(庚年)은 무곡별에 가려져있다.

칠살(七殺) : 남두의 제5성으로 음금(陰金)에 속한다. 칠살도 주로 다른 성좌에 가려져서 그 특색이 나타나지는 않는다. 갑년(甲年)에는 염정에, 을년(乙年)에는 자미에, 경년庚年)은 무곡별에 가려져있다.

천상(天相) : 남두의 제2성으로 양수에 속하며 주로 다른 성좌에 가려져서 그 특색이 나타나지는 않는다. 갑년(甲年)에는 염정에 을년(乙年)에는 자미에 경년(庚年)은 무곡별에 가려져있다.

가. 계절별 별의 운행

제1조 자미 · 탐랑 : 자미는 임년(壬年) 겨울, 탐랑은 계년(癸年) 겨울철과 초봄 사이 서 · 북방에 있어 임년과 계년이 넘어가는 늦겨울 초봄시기

에 북쪽 하늘에서 만난다.

제2조 자미·파군 : 자미는 임년(壬年) 겨울 북쪽에 있고 계년(癸年) 봄에 서·북방에 있어 임년과 계년이 넘어가는 늦겨울과 초봄시기에 북쪽 하늘에서 만난다.

제3조 무곡·탐랑 : 무곡은 기년(己年) 초봄, 여름철에 서쪽에 있고 탐랑도 기년(己年) 여름철에 서쪽에 있으니 두별은 기년 (己年) 초여름에 서쪽 하늘에서 볼 수 있다.

제4조 무곡·파군 : 무곡과 파군은 갑년(甲年) 여름과 가을철에 서· 북쪽으로 운행한다.

(태양·태음·천기·천량·천동·거문·문창·문곡 계열의 운행)
천기(天機) : 남두의 제1성으로 음목(陰木)에 속한다. 을년(乙年)봄에서 초여름까지 동·남쪽에서 보이고 병년(丙年) 여름철에 남쪽에서 보이며 정년(丁年) 가을에 남·서쪽에 보인다. 무년(戊年) 겨울에 서쪽에서 보인다.

태음(太陰) : 중천성으로 음수(陰水)에 속하고 정년(丁年) 겨울철과 초봄 사이에 동쪽에서 보인다. 무년(戊年) 여름철에 서북쪽하늘에서 보이고 계년(癸年) 가을철엔 북동으로, 경년(庚年)이 되면 봄에 동쪽으로 이동하여 보인다. 을년(乙年) 겨울에서 봄 까지 동남쪽 하늘에서 보인다.

 태양(太陽) : 중천성으로 양화(陽火)에 속하며 경년(庚年) 초봄에 동쪽 하늘에서 보인다. 신년(辛年)여름철에 동쪽하늘에 다시 보이며 갑년(甲年) 겨울철과 이른 봄에 북·동쪽 하늘에서 보인다.

 거문(巨門) : 북두의 제2성으로 음수(陰水)에 속하며 신년(辛年) 초봄과 여름사이에 동·북쪽에 보이고 정년(丁年) 겨울에 남쪽에 보인다.

 천동(天同) : 남두의 제4성으로 양수(陽水)에 속한다. 병년(丙年) 초봄에 남쪽에서 보이고 정년(丁年) 가을, 겨울철에 걸쳐서 남·동쪽에 보이며, 경년(庚年) 겨울에 다시 남·동쪽에 보인다.

 천량(天梁) : 남두의 제3성으로 양토(陽土)에 속하며 임년(壬年) 초봄에 남·서쪽에서 보이고 을년(乙年) 초봄과 여름철에 남·동쪽에 보이고 기년(己年) 가을에 북쪽에서 보인다.

 문창(文昌) : 남두성계로 음금(陰金)에 속하며 병년(丙年) 가을철이면 서북간에서 보이고 신년(辛年)엔 북동 간으로 이동하여 다시 보인다.

 문곡(文曲) : 북두성계로 음수(陰水)에 속하며 신년(辛年) 가을철에 동방에서 보이고 다시 기년(己年)겨울철에 남쪽에서 다시 보인다.

나. 계절별 별의운행표

 제1조 천기·태음 : 태음은 을년(乙年) 겨울부터 봄 사이 동·남간 운행하고 천기는 초봄부터 초여름까지 동·남쪽에서 운행하며 만난다.

제2조 천기 · 거문 : 천기는 정년(丁年) 가을부터 겨울사이에 남 · 서로 운행하며 거문은 늦가을부터 겨울사이에 남쪽으로 운행하며 만난다.

제3조 천기 · 천량 : 천기는 을년(乙年) 봄부터 초여름까지 동 · 남쪽에서 운행하며 천량은 초봄부터 여름까지 남 · 동쪽에서 운행하므로 서로 만난다.

제4조 거문 · 천동 : 천동은 정년(丁年) 가을철과 겨울철에 남 · 동간에 운행하고 거문은 겨울철에 남쪽에서 보이므로 서로 만난다.

제5조 천동 · 태음 : 천동과 태음은 정년(丁年) 겨울철에 동쪽에서 만난다.

제6조 태양 · 거문 : 태양과 거문은 신년(辛年) 봄과 여름 사이에 동쪽에서 만난다.

제7조 태양 · 태음 : 태양과 태음은 경년(庚年) 봄에 동쪽에서 만난다.

제8조 태양 · 천량 : 태양은 갑년(甲年) 북 · 동에서 보이고 천량은 을년(乙年) 초봄에 남 · 동쪽에 있어 태양과 천량은 갑년(甲年)에서 을년(乙年)으로 넘어가는 시점에 동쪽에서 보게 된다.

경양과 타라는 칠살의 조력별로 녹존의 견제를 받는다. 경양은 가을철 남서쪽에 주로 떠오르며 칠살의 조정을 받는다. 타라도 가을철과 겨울철

사이에 서북방에 떠오르며 칠살의 조정을 받는다.

문창과 문곡은 재예의 별로 천부의 조력별이다. 문창은 남두조성으로 음금에 속하며 주로 초 가을철에 서쪽에서 출현 한다. 문곡은 북두조성으로 음수에 해당하며 주로 초봄에 북동쪽에 출현한다.

좌보와 우필은 북두성계로 자미의 조력별이다. 좌보는 양토에 속하고 초봄부터 여름사이에 남·동쪽에 출현한다. 우필은 음수에 속하며 겨울이나 봄에 동·북쪽에 출현한다.

천괴와 천월은 남두성계로 입신의 별로 천부의 조력별이다. 천괴는 양화에 속하고 천월은 음화에 속한다. 천괴는 주로 봄이나 여름철에 남동에서 출현하고 천월은 여름철에 서쪽에서 출현한다.

제2장
북파 자미두수
(北派 紫微斗數)

1

천간사화 天干四化

가. 사화에 기본적인 성질

자미두수(紫微斗數)의 추론방법에는 삼방사정(三方四正)의 성계를 중심으로 길흉을 추론하는 삼합파와 십간을 이용하는 사화파가 있다. 사화를 이용하는 대표적인 문파는 점험파(占驗派)·비성파(飛星派)·사화파(四化派) 등이 있고 그 외에도 여러 문파가 존재한다. 또한 이 책에서 다루는 북파가 바로 주로 사화를 이용하여 추론한다.

북파(北派)는 효율성이나 전법이 아직도 밝혀지지 않은 의문을 가지고 있거니와 관련된 책도 미비한 수준이다. 그렇기 때문에 북파(北派)는 잘 알려져 있지 않고 북파를 접하는 사람도 별로 없고 어떻게 공부할지도 모르는 상태다.

그래서 세간에서는 "북파의 논법은 문제가 있다." 라고 치부해버리기도 하는데 어찌 보면 당연한 일일 수도 있다. 그러나 아직은 어떠한 진위가 없는 상황에서 뭐라 얘기할 단계는 아니라고 보고, 단지 잘 모른다는 이유로 잘못되었다고 치부해버리는 것은 곤란하다.

개인적으로 남파는 끓이면 끓일수록 진한 육수와 같고, 북파는 국물에 들어가는 고기에 비유할 수 있다고 생각하고 있다.

북파의 대표적인 논법은 10간 사화에서 시작되는데 10간은 북파 자미두수에서 용신과 같은 의미이다.

십간사화(十干四化)란 10개에 천간(天干)의 변화를 4단계로 나눈 것인데 북파 자미두수로 보면 용신과 같아서 십간의 변화에 따라 성계의 성질이 변하고 다른 성계에 영향을 주기도 하며 또한 서로 어울리기도 한다. 십간의 내용은 아래와 같다.

갑(甲): 만물이 껍질을 뚫고 나오는 것으로 새싹이 돋는 형태, 잎사귀가 나오는 것,

소아기는 염정(廉貞)의 록(祿)으로 성질은 뜨겁고 열기가 감돈다. 즐겁고 명랑하며 어린애와 같이 순진무구하며 감정의 자제를 못한다. 흉하면 감정대립, 감정상 좌절이 되며 사람에게 속는다, 배신을 당한다, 등이다.

청년기에는 파군(破軍)의 화권(化權)으로 도전적이고 열정적이며 앞장서기를 좋아한다.

장년기에는 무곡(武曲)의 화과(化科)로 보수적이며 안정하려하고 낭비가 있다.

노년기에는 태양(太陽)의 화기(化忌)로 억울하며 분노를 참지 못한다, 대립을 하며 고립되고 낭비가 심하다.

을(乙): 새싹이 꾸불꾸불하게 올라가는 형태이며 일음(一陰)으로 외부의 제극을 받는 형태로 굽어 있는 것을 의미한다.

소아기는 천기(天機)의 록(祿)으로 변화, 생각, 느낌, 아이디어, 순진하고 온화하며 처음으로 보는 세상의 연분을 의미한다.

청년기는 천량(天梁)의 화권(化權)으로 고집, 단절, 대립의 뜻이 있고

자유분방함을 의미한다.

장년기는 자미(紫微)의 화과(化科)로 낙천적, 이상적, 자연을 보다 등으로 여유로움을 뜻한다.

노년기는 태음(太陰)의 화기(化忌)로 우울함, 두려움, 외로움, 버스를 놓치다, 착각을 잘한다 등이다.

병(丙): 만물이 자라서 형태를 갖추는 것을 의미한다.

소아기는 천동(天同)의 록(祿)으로 아기와 같이 예쁘고 순진무구하며 즐겁다, 겁을 없고 조심성이 없으며 무서움을 모른다.

청년기는 천기(天機)의 화권(化權)으로 생각이 집요하고, 계획대로 되길 원하며 머리가 총명하고 욕심이 많다, 마음으로 심력을 다하며 자기 편한 대로 한다.

장년기는 문창(文昌)의 화과(化科)로 모범적이고 고집이 세며 주장을 펼치기를 좋아한다.

노년기는 염정(廉貞)의 화기(化忌)로 정신적 피해, 감정상 고립, 복수하고 싶고 구도심이 증가한다. 더러운 것을 싫어한다. 오래된 것을 싫어한다.

정(丁): 만물이 성장하여 혈기왕성하고 씩씩한 형태를 의미한다.

소아기는 태음(太陰)의 록(祿)으로 활동적이고 깨끗하며, 순수하다, 존경심이 있고, 성실하며 나돌아 다니기를 좋아한다.

청년기는 천동(天同)의 화권(化權)으로 주장이 강하고 자기 멋대로 이며, 잘난 잘하고 책임감이 있다.

장년기는 천기(天機)의 화과(化科)로 눈치를 보고, 판단력이 흐려지
며. 자신의 안위를 생각하고 산을 좋아한다.

노년기는 거문(巨門)의 화기(化忌)로 나쁜 길로 빠지며 잔소리가 심하
고 독불장군이며 질투가 심해진다.

무(戊): 무성하고 번창을 의미하며 가장 강할 때를 의미한다.

소아기는 탐랑(貪狼)의 록(祿)으로 열정, 시도, 개척, 왕성한 혈기
등을 나타내며 성실하고 진취적이다.

청년기는 태음(太陰)의 화권(化權)으로 공명정대하고 책임감이 있으
며 열정이 강한 것을 의미한다.

장년기는 우필(右弼)의 화과(化科)로 동성 또는 이성의 조력이 적어진
다. 소심해 지며 의지하게 된다.

노년기는 천기(天機)의 화기(化忌)로 잘못된 연분, 계획의 착오, 고립
되며 의지처가 없어진다.

기(己): 형체의 분열, 만물의 꺾임, 구부러져서 퍼지지 않는 것. 음(陰)
의 초기단계

소아기는 무곡(武曲)의 록(祿)으로 정신적인 성숙, 부드러움, 책임감,
성실, 변하지 않는 심리와 도전 의식 등이다.

청년기는 탐랑(貪狼)의 화권(化權)으로 집중력이 강하며 참을성이
있고 쓸데없는 고집을 부리며 하고 싶은 것만 한다.

장년기는 천량(天梁)의 화과(化科)로 긍정적인 생각과 포용력과 빠른

계산 등이다.

노년기는 문곡(文曲)의 화기(化忌)로 사물을 잘 못 보며 말의 실수와 허황되고 대인관계의 부재이다.

경(庚): 음기(陰氣)가 본격적으로 활동하여 열매가 생기는 시기이다.

소아기는 태양(太陽)의 록(祿)으로 열정적이고 완전함을 추구하며 자신이 고귀하다고 느낀다, 집안을 위해 성실하며 미래를 꿈꾼다.

청년기는 무곡(武曲)의 화권(化權)으로 인내하며 정신력이 투철하고 책임감이 강하다,

장년기는 태음(太陰)의 화과(化科)로 자애롭고 우아하며 고독하고 나 만의 세계가 있다.

노년기는 천동(天同)의 화기(化忌)로 소통의 부재, 고독감, 불만족스러움, 피다 만 꽃, 왕자 병 등이다.

신(辛): 만물이 새롭게 태어난다. 즉, 열매가 성숙하고 결실체가 드러나는 것.

소아기는 거문(巨門)의 록(祿)으로 순진하고 자기만의 세계가 있으며 한 분야의 일인자이다, 정신적 노동을 좋아한다.

청년기는 태양(太陽)의 화권(化權)으로 우뚝 서거나, 자존감, 고집, 명예를 중시한다.

장년기는 문곡(文曲)의 화과(化科)로 긍정적이며 순수하고 소심하다, 표현의 자유 등이다.

노년기는 문창(文昌)의 화기(化忌)로 단절, 약속불이행, 고독감, 표현의 부자유, 불성실함 등이다.

임(壬): 양(陽)의 기운이 대지 속으로 들어가서 다시 자라고 있는 형태

소아기는 천량(天梁)의 록(祿)으로 매사에 긍정적이고 열심히 한며 집안의 맏형이다. 사람을 좋아하고 재물을 좋아한다.

청년기는 자미(紫微)의 화권(化權)으로 매사에 주도적이며 의지가 강하고 한번 시작하면 책임감이 강하다.

장년기는 좌보(左輔)의 화과(化科)로 온화하며 화합을 잘하고 은근히 욕심이 많다, 주변의 지인들에게 도움을 받는다.

노년기는 무곡(武曲)의 화기(化忌)로 외면을 당하고 분란이 일어나며 시기, 질투가 많다.

계(癸): 음(陰)이 가장 왕성하고 대지가 얼며 양기는 가장 깊은 곳에서 자라는 시점이다.

소아기는 파군(破軍)의 록(祿)으로 긍정적이고 매사에 노력 하며 순진하고 한번 빠지면 헤어나기 힘들다. 주변을 즐겁게 한다.

청년기는 거문(巨門)의 화권(化權)으로 성실하며 주도적이고 남에게 지기를 싫어하며 자기논리가 강하다. 겉으로 긍정적이나 속으로 부정한다.

장년기는 태음(太陰)의 화과(化科)로 환상적이고 계산에 약하며 독립심이 부족하다.

노년기는 탐랑(貪狼)의 화기(化忌)로 우울하며 마음에 안정이 없고 즐겁지만 공허하다. 감정상고립이 있으며 마음을 풀 데가 없다.

아래는 십간 사화의 조견표이다.

四化	甲年	乙年	丙年	丁年	戊年	己年	庚年	辛年	壬年	癸年
化祿	廉貞	天機	天同	太陰	貪狼	武曲	太陽	巨門	天梁	破軍
化權	破軍	天梁	天機	天同	太陰	貪狼	武曲	太陽	紫微	巨門
化科	武曲	紫微	文昌	天機	右弼	天梁	太陰	文曲	左輔	太陰
化忌	太陽	太陰	廉貞	巨門	天機	文曲	天同	文昌	武曲	貪狼

록(祿) : 음토(陰土)에 속하고 재록(財祿)의 별이고 양(陽)의 기운이며 천지의 땅이다. 녹존(祿存)과 천마(天馬)를 보는 것을 좋아한다. 타라(陀羅)와 공겁(空劫)을 보는 것을 싫어한다. 자·오·묘·유(子·午·卯·酉)는 약지라 싫어하고 인·신·사·해(寅·巳·申·亥)를 좋아한다.

성계로는 천량(天梁)·염정(廉貞)을 싫어한다. 록은 대한 록이나 녹존과 동궁하는 것을 좋아하고 화기(化忌)를 두려워한다. 사건의 시작으로 두수에서는 가장 중요한 선천 기(忌)에 대한 록(祿)을 인동하는 법칙이다.

권(權) : 양목(陽木)에 속하고 권성의 별이다. 성숙함을 나타내며 전성기를 의미한다. 또한, 계절로 치면 여름이다, 양(陽)의 기운이며 천지의 빛이다. 화권은 록의 기운을 받으면 재록이 증가하고 권세를 얻지만 선천화권과 대한화권이 충돌할 때는 힘이 너무 가중되어 록의 화해(중재)가 없으면 너무 강하여 부러지기 쉽다.

선천화기에 대한화권이 인동하면 권력 중에 실패가 있는데 忌(權)이 충돌하면 전부 실패로 돌아간다. 화과(化科)와 삼태(三台)·팔좌(八座)를 좋아하며 살(煞)을 보면 번민이 생긴다. 음살(陰殺)을 보면 지위를 이용하여 남을 누르거나 이용하고 화성(火星)·천마(天馬)를 보면 육친불리, 경양, 타라를 보면 유아독존이다.

　과(科) : 양수(陽水)에 속하고 명성과 지명도의 별이다. 모든 것이 아름다운 성숙도를 나타나며 완성의 의미이다. 화과(化科)는 지공(地空)·지겁(地劫)을 만나면 허명을 얻어 실질적 소득이 없다. 선천 화과(化科)가 대한 화기(化忌)를 만나면 지명도가 높아져서 오히려 귀찮아지거나 시비꺼리가 많고 선천화과(化科)와 화기(化忌)가 동궁하거나 만나면 지명도 때문에 주변에 피곤한 인물들이 모이거나 안 좋은 연분 때문에 종종 고생을 한다.

　선천화기에 대한화과가 만나면 시비가 많고 시험이나 고시에 불리하고 사람 때문에 고생하며 구설시비가 생기거나 파재를 면하기 힘들다. 오행으로는 음(陰)의 성질을 가지고 있고 천지의 달(月)이다. 지혜·총명·수렴·정신·유쾌함의 대표이다.

　기(忌) : 음수(陰水)에 속하고 구설·시비·관재·비방 등을 관장하며 파괴와 파절의 신이다. 축, 미궁은 왕지이고 진, 술궁은 평지이며 다른 궁은 함지이다. 화기(化忌)는 자미두수에서 사건을 일으키는 단초가 되는 사화로 선천화기를 중심으로 록·권·과를 인동하면 일이 벌어지는데 특히, 대한의 록(化祿)은 사건의 열쇠를 여는 키와 같다.

　록(祿)·기(忌)는 서로 한 몸이다. 화기(化忌)는 좋아하는 성좌가 있는데 다음과 같다. 묘궁에 태양(太陽)의 화기·해궁에 태음(太陰)의 화기·탐랑(貪狼)이 화성을 동궁 할 때의 화기. 천동(天同)의 화기 등이 그러하다. 또한, 계절로 치면 겨울에 해당된다. 오행으로는 음의 성질을 가지고 천지의 땅이다.

나. 사화四化와 성요星曜

자미는 록(祿)이나 녹존(祿存)이 동궁하거나 삼합이나 협으로 인동하면 기분파 적인 성향이 줄고 실속파로 변하는 강점이 있다.

천기는 화권(化權)이 가장 좋고 그 다음이 록(祿)이다.

태양은 록(祿)을 만나면 명예가 높아지고, 화기(化忌)를 보면 고생이 심해지고 경양·관부 백호와 동궁하면 관송과 구설을 대비 하는 것이 좋다. 특히, 복덕궁에 좌하는 것을 유의해야한다. 화권(化權)역시 상당히 좋아한다. 화과(化科)는 그에 비해 많이 떨어진다.

무곡은 록(祿)을 만나면 같은 기운의 동지를 만나므로 힘을 얻는다. 녹존(祿存)은 양타가 협하는 구조이기 때문에 동궁 하는 것 보다는 삼합으로 만나는 것이 좋다. 그 다음으로는 화권(化權)을 기뻐하는데 관리능력이 높아지거나 전문인으로서 명예가 높아진다. 그에 비해 화과(化科)는 역량이 떨어진다.

천동은 록(祿)을 만나는 것을 아주 좋아하며 살성이 와도 두렵지 않다, 그 다음이 화권(化權)을 좋아하는데 능력이 증가하고 추진력이 강하지만, 향락으로 빠질 가능성이 높기 때문에 화기(化忌)의 도움을 받는 것이 좋다. 천동은 화기(化忌)를 좋아하여 격발(의지)을 높이는 작용을 하지만 살성이 많은 것은 흉이다.

염정은 록(祿)이나 녹존(祿存)을 좋아하는데 자칫, 이기적으로 변하고 화권(化權)이 삼합이나 협으로 들어오는 것은 양강의 성질이 증가되어 싫어한다.

태음은 녹존(祿存)과 록(祿)을 좋아하며 삼합으로 가회 하여도 좋다. 그런 연후에 화권(化權)을 아주 좋아하는데 능력과 힘의 균형이 잘 맞는다. 저녁 생이 낮 생인 보다 유리하다.

탐랑은 록(祿)이나 녹존(祿存)을 보면 이기심이 증가하고 물욕이 강해져 사리사욕을 채우려고만 한다. 이때에 화성·영성을 보면 폭발하여 재물이 증가하고 탐랑의 물욕은 제화가 된다. 화권 역시 물욕이 강한 구조이다. 탐랑은 화기를 별로 두려워하지 않으나 쌍 화기나 삼합에서 들어오거나 살기를 동반하여 오면 패국이 일어나므로 화기 단수는 크게 두렵지는 않다.

거문은 화권을 좋아하고 록(祿)도 좋아한다. 이럴 경우는 조왕한 태양을 보면 격이 높아지고 세상에 재주를 펼칠 수 있다.

천량은 화권이나 화과를 본 연후에 록(祿)을 보는 것이 합당하다. 단지 록만 보거나 녹존이 동궁하면 욕망이 강하거나 욕심에 사로잡혀 크게 낭패를 본다.

사화 중에 가장 중요한 것은 선천화기(化忌)를 대한 록(祿)이 인동하느냐의 여부, 선천화기(化忌)가 대한화기(化忌)와 삼합이나, 협·동궁 등으로 간섭하느냐의 여부가 두수의 핵심이다.

다. 궁간 해석

북파 자미두수는 응당, 1수(명궁), 7수(천이궁)는 동등하므로 명궁과 천이궁을 동일하게 취용한다. 따라서 명을 읽거나 추론할 때는 함께 운용하여야 할 것이다.

제1조　명궁(命宮)과 천이궁(遷移宮)

제2조　형제궁(兄弟宮)과 노복궁(奴僕宮)

제3조　부부궁(夫婦宮)과 관록궁(官祿宮)

제4조　자녀궁(子女宮)과 전택궁(田宅宮)

제5조　재백궁(財帛宮)과 복덕궁(福德宮)

제6조　부모궁(父母宮)과 질액궁(疾厄宮)

위의 조합은 나와 한 몸으로 사화를 볼 때는 동일시한다. 명궁의 사화나 천이궁의 사화는 나에게 미치는 영향이 동일한 것으로 판단한다. 다만, 해석 면에서 좀 더 차별화된 사건으로 전개가 될 뿐이지 길흉의 차이점은 별로 없다, 그런 식으로 형제궁과 노복궁도 같고, 부부궁과 관록궁도 동일하다.

주론법 主論法

주론법(主論法)은 북파(北派)의 논법으로 명주(命主)와 신주(身主)를 가지고 명을 논하는 방법이다. 명주(命主)·신주(身主)에 대해서는 아직까지 정확히 밝혀진 바가 없이 단지 명주·신주에 대한 소문만 무성하다. 이 책에서는 예전 스승님으로부터 사사 받은 내용들을 더듬어 가면서 적어본다.

먼저 명주(命主)는 북두칠성 별자리의 순서대로 탐랑(貪狼)·거문(巨門)·녹존(祿存)·문곡(文曲)·염정(廉貞)·무곡(武曲)·파군(破軍)으로 자궁(子宮)부터 배치하며 순행과 역행으로 동시에 시작하여 오궁(午宮)에서 만난다.

명주(命主)는 명궁이 위치한 궁을 주관하는 별자리인데 관록궁과 배합하여 주로 직업의 종류, 사업의 발복, 추구하는 성향 등에 관련이 있다. 가령 탐랑(貪狼)은 제지업, 양조장, 농업, 컴퓨터 제조업, 산림업 등의 일에 관련이 되어있는데 녹존(祿存)이나 록(祿)을 얻으면 성공한다는 뜻이 된다. 거문(巨門)은 법조인, 종교인, 토목, 사상학, 카지노 딜러, 대부업, 컴퓨터, 부동산, 광물 등과 관련이 있고, 녹존(祿存)은 공무원, 사업가, 교수, 집안의 가업, 외국기업체 등이다.

문곡(文曲)은 연설가, 변론인, 무용가, 건설업, 보험업, 예술가, 사기꾼 등에 관련이 있고, 염정(廉貞)은 증권회사, 공무원, 인테리어 디자이너, 한의사, 의사, 명리학, 컴퓨터 디자인, 의류, 연예인 등에 관련이 있고, 무곡(武曲)은 경찰, 계산기, 의사, 대형마트, 은행, 목공소, 철공소, 건축,

신발, 미용실과 관련이 있고, 파군(破軍)은 검사, 의사, 건설업, 철강업, 제조업, 골프장, 내의 제조업 등에 관련이 있다. 이외에도 명주가 동궁하거나 삼합으로 인동하는 성계에 따라 일일이 나열 할 수는 없지만 명주와 관련된 직업과 관록궁을 보고 직업을 판단하면 된다.

아래에는 명궁(命宮)의 위치에 따른 표상이다.

命宮	子	丑	寅	卯	辰	巳	午	未	申	酉	戌	亥
命主星	貪狼	巨門	祿存	文曲	廉貞	武曲	破軍	武曲	廉貞	文曲	祿存	巨門

신주(身主)는 몸의 상태나 결혼생활에 관련이 깊다. 신주(身主)는 부처궁과 배합하여 주로 결혼할 대상자가 어떤 사람이며, 나와 맞는 사람은 어떤 사람이고, 어떻게 결혼생활을 하는가의 답을 제시한다. 또한, 질액궁과 더불어 나의 질병의 근원은 어디일까에 대한 근본적인 질문에 답을 주기도 한다.

신주(身主)는 남두성에서 오기에 자궁(子宮)과 오궁(午宮)이 동시에 순행으로 출발하면 된다. 순서는 화성(火星)·천상(天相)·천량(天梁)·천동(天同)·문창(文昌)·천기(天機)의 순서이다. 가령 화성(火星)이 신주인 사람은 배우자가 주변 인물이거나 전에 알고 있었거나 친척, 친구의 소개로 만날 가능성이 있으며, 질병으로 얘기하자면 심장질환이나 뇌질환을 조심해야하고 유전병을 조심해야 한다. 다만, 동궁 하는 정성에 따라서 달라질 수 있으니 이 점을 참조해야 한다.

또한, 천상(天相)은 어른들이 개입하는 혼례이고 결혼 생활에 있어 중요한 부분은 믿음과 신뢰이다. 이것이 깨지면 이혼하기가 쉽고, 질병으로는 신장, 척수, 혈액 등 수(水)에 관련된 질환이 생긴다. 천량(天梁)은 배우자가 동년배나 연장자이던지 조력이 아주 좋지만 천량은 주로 만혼이다. 질병으로는 노인성 질환, 심혈관, 중풍, 당뇨, 허리 등을 조심해야 한다.

이외에도 동궁하는 정성에 따라 많은 변화가 있어 일일이 나열하기가 힘들다. 다만, 신주(身主)에 화기(化忌)가 동궁하거나 대한 화기(化忌)로 인동하면 결혼생활이 평탄하지 않음을 볼 수 있다.

아래에는 생년에 따른 신주성의 위치이다.

生年	子	丑	寅	卯	辰	巳	午	未	申	酉	戌	亥
身主	火星	天相	天梁	天同	文昌	天機	火星	天相	天梁	天同	文昌	天機

1) 선천명주(名主)와 선천신주(身主)가 있는데, 대한마다 각궁에도 명주(名主), 신주(身主)가 있다.

3 녹존법祿存法

녹존(祿存)은 북두의 제3번째 성요이며 토(土)에 속하고, 인생(人生)을 결정하는 가장 중요한 용신 중의 하나로서 결혼과 재관(財官)에 막대한 영향을 끼친다. 녹존은 사고지(四庫地)에 거할 수 없다.

사람의 운명은 선천 녹존(祿存)을 대한화록으로 인동하면 매우 좋고 다음으로는 화권(化權)이 인동하면 힘이 증가하고 현재의 상황이 좋은 쪽으로 커져서 좋다. 화과(化科)는 현재의 상태를 유지하는데 이롭고, 화기(化忌)가 록존을 인동하면 현재의 상태가 나쁜 쪽으로 변하게 될 소지가 아주 많아진다.

천이궁(遷移宮)에 녹존(祿存)이 있으면 재물이 밖에 있는 것으로, 사람들과 경쟁을 해야 한다.

부관선에 녹존(祿存)이 있으면 부처나 직장을 얻을 때에 다른 사람과 경쟁을 하거나 요구를 들어줘야 하며, 자녀궁이나 노복궁에 있으면 아랫사람에게 굽실거려야 한다.

무곡(武曲)이 녹존과 동궁하면 능력이 증가하지만 주위의 사람들이 나를 고생스럽게 하고, 천부가 녹존과 동궁하면 주위 사람들의 기대가 커서 부담스럽다.

다음 도표는, 본인의 생년 천간이나 대한의 천간을 기점으로 보면 된다.

병년생 무년생	정년생 기년생		경년생
			신년생
을년생	祿 存 생년천간		
갑년생		계년생	임년생

녹존(祿存)은 선천 녹존(祿存)도 쓰고 대한마다 대한의 녹존(祿存)이 있어 선천 녹존(祿存)과 삼합 또는 협으로도 인동한다.

녹존(祿存)은 사고지(진 술 축 미)궁에는 들어가지 못한다. 녹존은 항시 경양과 타라의 협을 받으므로 시계방향으로 앞 칸이 경양이고 녹존의 뒤쪽이 타라이다. 녹존은 천마를 만나는 것을 좋아하고 화기(化忌)로 인동하는 것과 지공·지겁을 싫어한다.

십간사화十干四化의 운용법칙

십간사화의 운용법칙은 사화파·점험파·비성파에서 쓰는 기본적인 법칙이다. 그중에서 비성파는 사화를 운용하는 법칙이 조금 독특한데, 대만이나 홍콩에서 쓰는 비성파 자미두수가 있고 일본에서 쓰는 포여명의 비성파가 있다. 아래에 기술한 내용 중 일부는 포여명 선생의 전법이 포함되어 있다.

십간사화는 대표적으로 화록(化祿)·화권(化權)·화과(化科)·화기(化忌)등 사화(四化)로만 추론하는 법칙으로 운용하는 법칙이 모두 같기에 대표적으로 화록(化祿)만 표기한다. (*포여명(鮑黎明): 중국계 일본인. 명리·자미·풍수의 대가)

가. 선천화록과 대한화록이 삼합으로 인동하는 경우

록(祿)이 인동하는 법칙은 아래에 표와 같다.

		대한명궁	天梁 祿
乙巳	丙午	丁未	戊申
太陰 甲辰			己酉
癸卯	壬年生		太陽 庚戌
壬寅	癸丑	天機 壬子	辛亥

위의 명은 임년생(壬年生)으로 천량(天梁)에 선천화록이 있다. 대한이 정미대한에 이르면, 정간의 화록(化祿)은 태음으로 갑진궁에 있고, 무신궁의 선천화록(化祿)과 삼합으로 무자궁에 화록(化祿)을 비춘다. 결국 자궁이 최종적으로 인동된 지점이다.

또한, 녹존(祿存)과 대한의 화록(化祿)도 인동하여 삼합·협·동궁할 수가 있는데 이는 녹존(祿存)이 가장 강력한 녹성이기 때문이다.

나. 선천화록과 대한화록이 협으로 인동하는 경우

乙巳	丙午	丁未	天梁祿 戊申
太陰 甲辰			己酉
癸卯	壬年生		대한(명 太陽祿 庚戌
壬寅	癸丑	壬子	辛亥

위의 명은 임년생(壬年生)이므로 천량(天梁)이 선천화록이다. 대한이 경술대한에 이르면 대한화록은 태양화록으로 술궁에 있고 선천화록과 협으로 유궁을 화록(化祿)으로 인동한다. 결국, 유궁의 화록(化祿)이 최종 인동지점이다.

이렇게 선천화록과 대한화록이 함께 인동하는 지점이 사건의 핵심인데, 인동된 궁에 동궁하는 성계에 따라서 길과 흉을 판단할 수 있다.

대부분이 화록(化祿)으로 인동하면 좋을 것으로 생각할 수 있으나, 만약 선천화기가 이미 인동된 궁에 있으면 결코 좋다고 말할 수 없다. 그러므로 인동된 궁을 유심히 살펴서 판단하는 것이 옳다.

다. 선천화록과 대한화록이 중첩했을 경우

선천화록과 대한화록이 같은 궁에 있을 때 중첩되었고 한다. 이렇게 선천과 대한의 화록(化祿)이 같은 궁에 있을 때는 화록(化祿)이 하나가 빠져 나와 또 다른 궁으로 인동하는데, 이를 출(出)한다고 표현한다. 출하는 방법은 그 궁의 천간사화에 따라 록(祿)으로 인동한다. 아래 명반을 참조하라.

廉貞, 貪狼 乙巳	丙午	丁未	天梁 祿 戊申
太陰 甲辰 癸卯	壬年生		己酉 庚戌
壬寅	癸丑	대한(명 壬子	辛亥

위의 명은 임년생(壬年生)으로 천량이 선천화록이다. 임자대한에 이르면 임간의 화록(化祿)은 천량으로, 신궁(申宮)에서 선천화록과 동궁한다. 화록(化祿)이 두개가 동궁하고 있어 이런 경우는 무신궁 천간인 戊에서 나오는 화록(化祿)으로 출 한다. 무간의 화록(化祿)은 탐랑(貪狼)이므로, 결과적으로 천량의 두 화록(化祿)이 출하여서 무간의 탐랑화록

을 하나 더 인동한 셈이다.

이것이 비성파의 주요 논법 중의 하나인데, 큰 대국을 살필 때에는 별로 사용하지 않지만 세밀한 전법을 살피는 경우에는 아주 긴요하게 쓴다. 특히, 유년의 작은 움직임을 볼 때에 자주 쓰는 관법으로 아직도 필자는 이를 연구하고 있는 중이다.

라. 일보행 법칙

일보행이란 도인의 걸음에서 유래되어 쓰이는 말로, 도인의 걸음걸이, 즉 보폭처럼 일정한 규칙으로 움직인다는 뜻이다

天梁 祿 癸巳	甲午	乙未	丙申
대한명 紫微,天相 壬辰	辛年生		丁酉
天機,巨門 **祿** 辛卯			戊戌
庚寅	太陽,太陰 辛丑	庚子	己亥

　예를 들어 선천의 자궁(子宮)에 화록(化祿)이 있고 대한에서 인궁(寅宮)의 화록(化祿)이 인동하면 축궁(丑宮)을 건너뛰어서 인궁(寅宮)으로 화록(化祿)이 움직이므로 한 칸 건너서 진궁(辰宮)으로 화록(化祿)이 발현되는 것을 암시한다, 모든 록・권・과・기는 이러한 방식으로 이동한다.

　역으로 자궁(子宮)에 선천 화록(化祿)이 있는데, 술궁(戌宮)에 대한화록(化祿)이 떨어지면, 신궁(申宮)에 일보행으로 화록(化祿)하나가 발현된다.

　가령 위의 명은 신년생(辛年生)으로 대한이 임진대한(壬辰大限)에 이르면 사화는 임간 천량화록으로 선천화록(化祿)과 협해서 자미・천상을 협한다.

　그리고 임진대한에 천량화록(化祿)은 사궁에 있고, 천기화록(化祿)이 묘궁에 있어 한 칸(진궁)을 건너뛰어서 일보행으로 화록(化祿)이 인동하므로 한 칸(오궁) 건너서 미궁(未宮)으로 인동한다. 일보행으로 최종 안착지는 미궁이 된다.

　이것을 일보행 법칙이라 하는데 차성안궁(借星安宮)과 비슷하지만 전혀 다른 유형이다. 정성이 있건 없건 간에 상관없이 이동할 수 있다. 이 법칙은 중요한 법칙으로, 선천화록과 대한화록이 응수가 되면 대체로 협이나 일보행에 의해 다시 두 개의 화록(化祿)으로 변하는데 여기서 진록과 허록이 갈리며 진록은 실제 사건으로 발현된다.

마. 조응법칙

　조응라는 것은 항상 록(祿)과 기(忌)가 한 칸 건너서, 또는 삼합으로 상호작용할 때를 일러 이른바 조응이라고 한다. 만약 명궁의 화록(化祿)이 부처궁에 들고 화기(化忌)는 재백궁에 들면 나와 부처는 돈 문제 또는 생각차로 항상 다투게 된다.

天梁 癸巳	甲午	**文昌** **忌** 乙未	丙申
紫微,天相 壬辰			丁酉
天機,巨門 **祿** 辛卯	辛年生		戊戌
庚寅	辛丑	庚子	己亥

　　가령 위에서 대한이 신묘대한에 이르면 대한 사화가 (거·일·곡·창)이므로 거문화록에 문창화기로서 대한명궁과 관록궁이 화록(化祿)과 화기(化忌)로 이루어져 있다. 이런 경우는 이 대한에 관록과 연분이 있다. 또한, 직장 내에서 다투거나 일 때문에 골치가 아프게 된다. 조응법칙은 한 칸 건너서 록(祿)과 기(忌)가 형성되어 상호 작용할 때 추론의 정확도가 가장 높으며, 삼방에서의 상호 작용하는 경우는 정확도가 조금 떨어진다.

바. 인수혼

　　나의 선천화기(化忌)에 다시 화기(化忌)를 충 하면 내가 피하려 해도 피하질 못하는 일이 발생한다. 결과적으로 나에게 고통을 주는 궁이므로 이것이 인수 법칙인 것이다. 만약 이것이 육친궁이면 그 육친이 나를 힘들게 하는 것이다.

인수혼은 선천에서도 활용하지만 대한에서 부처궁이 인수혼이 생기면 부처와 이혼하기가 쉬운데 이 점을 주의 깊게 봐야 한다. 이럴 때에 대한명궁에서 화록(化祿)이나 화기(化忌)로 응수까지 해주면 거의 확실시 되는데, 화록(化祿)으로 응수하면 반드시 화기(化忌)가 떨어진 곳을 찾아 문제의 근원을 밝힐 수 있고, 화기(化忌)로 응수하면 나와 부처는 서로에게 연분이 없어지게 됨을 뜻한다. 인수혼의 추론은 선천이나 대한에서 비교적 활용도가 높다.

사. 연미사화

사건을 추론하는 북파의 가장 중요한 법칙 중의 하나인데, 이름을 변형했다. 선천화기를 대한 명궁의 화록이나 대한의 부처궁 화록(化祿)으로 인동한다. 그리고 다른 한편으로는, 대한명궁의 화기나 대한부처궁의 화기가 떨어진 궁에다가 다시 또 하나의 화록을 상대방의 궁에서 넣는 경우를 말한다. 상대방의 화기를 다른 배우자가 화록으로 다시 건드린다 함은, 상대방의 흉함을 건드려 일이 더욱 커지게 된다는 의미로써, 일상에서 흔히 부부싸움이 벌어지는 양상과 매우 흡사하다. 따라서 이 연미사화는 주로 이혼을 추론할 때에 많이 쓴다.

연미사화는 대게는 내가 신경을 쓰인다, 자신이 없다란 표현을 하는 것으로 선천화기를 화록으로 인동하는 육친역시 포함이 된다.

즉, 부처궁에서 선천화기를 화록으로 인동하면 나는 결혼을 할수 있을까? 여자와 행복할수 있을까? 라는 의문이 들며 자신감이 약해진다.

재백궁에서 인동하면 내가 돈을 잘 벌수 있을까 라는 의문이 든다. 이처럼 연미사화는 자신감이 부족하고 의심이 난다란 뜻이다.

제3장

북파 자미두수의 추론

북파 자미두수는 주로 십간의 사화 논법으로 사건을 풀이해 나간다. 따라서 북파의 추론 방법은 비교적 단순 명쾌하다고 할 수 있다.

사건의 중심을 크게 보아 네 단계로 나뉘는데 아래와 같다.

가. 화기(化忌)를 중심으로 화록(化祿)을 인동 하는 경우
나. 화기(化忌)를 중심으로 화권(化權)을 인동 하는 경우
다. 화기(化忌)를 중심으로 화과(化科)를 인동 하는 경우
라. 화기(化忌)를 중심으로 화기(化忌)를 인동 하는 경우

즉, 화기(化忌)를 중심으로 어떤 사화가 와서 인동 하는가를 보고 사건 추론을 굵직굵직하게 나누어 규정할 수 있다.

하지만 경우에 따라서는 반드시 해당되는 사건이 발생하는 것이 아니라서, 어떤 경우에는 분명히 인동된 것처럼 보임에도 불구하고 자동차로 말하면 브레이크와 안전벨트라는 안전장치가 있으면 큰 사고를 면할 수 있는 것과 같이 혹 무사히 지나가는 경우가 발생하기도 한다. 북파 자미두수에서도 사화의 안전장치는 사화의 또 하나의 비밀스런 법칙으로써, 나중에 또 인연이 된다면 다시 책으로 공개할 생각이다.

첫째, 선천화기를 중심으로 대한화록이 들어간다면, 그 대한에서는 이혼이나 이성과 인연이 다하여 헤어질 가능성이 매우 커진다. 이는 꼭 대한명궁 기준이 아니더라도 대한 부처궁 기준으로 사화를 배정했을 때도 선천화기를 중심으로 화록이 들어가는 경우가 되면, 대한명궁 기준과 마찬가지로 그 대한 내에 배우자와 이혼할 가능성이 커진다고

추론한다.

둘째, 선천화기를 중심으로 대한화권이 들어가면 그 대한에는 파재, 사망, 구속, 관재, 부동산 등의 사건들이 일어난다고 추론할 수 있다. 화기(化忌)와 화권(化權)이 복잡하게 교잡하는 경우에도 역시 그러하다.

셋째, 선천화기를 중심으로 대한화과가 들어가면 그 대한에는 주로 파재, 잘못된 인연, 정신적인 괴로움이 있다. 가장 대표적으로는 파재한다고 추론한다. 또한, 거꾸로 선천화과에 화기가 인동하면 대표적 질병을 예측한다.

넷째, 선천화기를 중심으로 대한화기가 들어가면 그 대한에는 이혼, 이직, 이사 등의 사건이 일어난다고 추론한다.

이 네 가지가 대표적인 북파사화의 기본적인 공식들이기는 하지만, 한 사람이 살아가면서 겪게 되는 사건과 관련된 공식의 수는 최대 120가지에 달하고, 그 중에서도 최소한 40가지 정도는 알고 있어야 겨우 북파 자미의 방법으로 간명한다고 말할 수 있게 된다.

북파 자미두수는 비록 만고의 비전은 아니지만 그 내용이 너무도 방대하기 때문에 단시간에 모두 공개할 수는 없다. 이 책을 통해 일부분만이라도 소개를 하고, 북파라는 것이 이런 것이구나 하는 정도의 맛보기를 보여주는데 우선 만족하고자 한다.

1 결혼 추론 방법

혼례(婚禮)란 남자와 여자가 하나로 합쳐 위로는 조상을 받들고, 아래로는 자손을 후세에 존속시켜 가문의 대가 끊어지지 않도록 하기 위한 결합이며, 서로 공경하며 분별하면서 평생 고락을 나누면서 정신적으로 인격적으로 결합하여, 가정이라는 하나의 공동생활을 영위해나가기 위한 사회적 결합이라 할 수 있다.

그래서 옛 사람들은 혼인을 일러 '인륜 도덕의 시원(始源)이며 만복(萬福)의 근원'이라 했다. 따라서 혼례란 혼인을 치를 때 따르는 의례와 절차이며, 인간의 가장 큰 대사이므로' 대례지전(大禮之典)'이라고도 하며, 진지하고 경건한 절차를 따르게 된다. 거기에 또한 혼인의 중요한 의의가 있다.

고대 중국에서는 '분칙위첩(奔則爲妾)'이라 하여 의식을 갖추어 취한 사람만을 처로 인정하는 혼인을 정당한 것으로 간주하였다. 남자 집과 여자 집에서 혼인 당사자의 성명과 생년월일시(生年月日時)를 붉은 종이에 적어 중매인을 통하여 상대방에게 준다. 이 사주를 적은 붉은 종이를 조상 위패 앞에 올려놓아 둔다.

만약 3일 내에 집안에 별고가 없으면 조상이 그들의 약혼을 묵인한 것으로 인정한다. 남자 집에서는 다시 두 사람의 사주를 가지고 궁합을 본다. 조상을 통하는 것은 혼인 대사를 가장이나 혹은 당사자가 마음대로 결정할 수 없다는 것을 말한다. 역술인까지 동원해가며 궁합을 보는 것은 결혼이란 것을 더욱 신중하게 함으로써 혼인에 대한 책임감을 더욱 더 느끼게 하기 위해서이다.

음양오행의 이치에 따르면 남자와 여자가 짝을 지어 부부가 되는 일을 음(陰)과 양(陽)이 만나는 지극히 자연적이면서도 당연한 것으로 여겼기 때문에 그 예식에 있어서도 낮과 밤이 만나는 저녁 무렵에 거행했다. 이런 연유에서 날 저물 '혼(昏)'자를 써서 혼례(昏禮)라고 했고, 후세에 이르러 날 저물 '혼(昏)'자와 구분하기 위하여 혼인할 '혼(婚)'자가 만들어져 비로소 '혼례(婚禮)'라고 명명하기 시작했던 것이다.

예기(禮記)에 따르면 혼(婚)은 남자가 장가를 든다는 뜻이고 인(姻)은 여자가 시집간다는 뜻이므로 '혼인'은 남자가 장가들고 여자가 시집간다는 뜻이라 했고 '혼인지도(婚姻之道)'라 하여 그 예식을 중히 여겼다. 이러한 변천 과정을 거쳐 우리나라의 혼인제도는 새로운 의식이 수반되며 정착되었으며, 그러한 의식이 육례(六禮)와 사례(四禮)의 혼례제도로 정착되었다.

옛날에 해 저무는 무렵에 혼례를 진행한 것은 주로 음양오행사상에 기초한다. 음양오행설에 의하면 남자와 여자가 만나 부부로 되는 것은 양과 음의 결합이므로 그 시간도 양인 낮과 음인 밤이 바뀌는 시간인 해가 저무는 때가 가장 합당하다고 보았다. 양과 음이 교차하는 시간은 하루에 두 번, 즉 아침과 저녁이 있는데 이 중에서 저녁을 택한 이유는 혼례를 끝낸 다음 신랑, 신부가 첫날밤을 지내는 것을 중히 여겼기 때문이다.

가. 전통혼례의 의의

부부 간의 혼인은 인생사에 있어 매우 중요한 일이고, 또 우리들 주위에서 흔한 일임에도 불구하고, 정작 자미두수로 결혼을 추론하는 방법에 대해선 그간 풀리지 않는 부분이 너무 많았다. 사실 결혼을 추론하는 방법에 관한 책이 무수히 출간되어 있기는 하지만, 아직도 정확히 바로 "이거구나." 라고 느낄 수 있는 추론법이 없는 형편이다.

한 개인의 명에서 결혼은 이렇게 하고, 이혼은 이렇게 하고, 질병은 이렇게 생기며, 부모는 언제 돌아가시고, 사업은 어느 때가 좋고, 어느 때가 힘들고, 등등 한사람의 인생살이를 통관하여 제시하는 논리나 논법으로 책을 쓰는 것이 기본일 것이다. 그게 아니라면 적어도 결혼은 언제, 이혼은 또 언제 등만이라도 명확하게 제시해주어야 하는데 머리 따로, 몸통 따로, 팔, 다리가 각각 따로따로인 논법들만이 난무하고 있는 실정이다.

대만의 어느 저명한 명리학자가 이를 꼬집어, "추명을 할 때 해석이 많은 것은 변명에 지나지 않는다." 라고 한 마디 하였다. 이 말은 추명이란 것은 간단명료하고 정확해야하며 쉽게 봐야 한다는 점을 지적해주고 있는 것이다. 흔히 추명가의 입에서 이런저런 말들이 많아지는 것은 기실 알고 보면, 오히려 하나도 제대로 모르기 때문에 벌어지는 일이다. 잘 모르면 당연히 횡설수설해지기 마련인 것이다.

한 가지 예로써, 녹마교치가 되면 매우 길하다고 보는 것이 일반적인데, 실제 추명을 해보면 녹마교치의 명 중에서 반도 못 쓰는 경우가 대부분이고, 오히려 패국이 되어 흉한 일이 남보다 더 많이 자주 발생하는 일까지 생기는데, 그 원인은 대체 어디에서 찾아야 하는 것일까?

이런 모든 이유는 산만 보고 나무를 안 보거나 나무는 보면서 산을 못 보기 때문에 벌어진다. 자미두수는 그 명성이 가히 황실의 점법이라고 칭해져 온 것과 같이 그 내용이 치밀하고 기승전결이 뚜렷하면서 명쾌한 점법으로 정평이 나 있었기 때문에, 천 년 동안이나 그 명맥을 유지해올 수 있었던 것이다. 부디 본서를 가지고 두수를 공부하는 초학자들은 최소한 "양두구육(羊頭狗肉)의 오류"가 없기를 바라며, 최소한 본서에서 논해지는 결혼 관련 공식만이라도 잘 이해하고 실생활에서 활용할 수 있게 되기를 바라마지 않는다.

북파 자미두수에서는 결혼을 판단함에 있어서 주로 홍란(紅鸞) · 천희(天喜)의 움직임으로 길흉의 향방을 추론한다. 따라서 홍란(紅鸞) · 천희(天喜)의 동향을 살피면 가장 중요한 배우자와의 인연이나 자녀의 출산 등과 같은 일들을 어렵지 않게 추론할 수 있다.

그리고 신주(身主)는 결혼의 내용과 길흉을 보며 부처궁과 더불어 부처의 성격, 생김새, 가치관을 따지는 성계로 내적인 측면을 보는 기준점이 된다. 그러므로 홍란(紅鸞) · 천희(天喜)와 신주(身主)를 참조하여 보면 간명하는데 도움이 된다.

일반적으로 결혼을 간명할 때는 기본적으로 부처궁을 많이 본다. 명궁과 부처궁은 서로 비슷한 성계로 배합되는 경우도 있고, 부처궁의 성요가 태양이나 태음인데 명궁이 살파랑인 것과 같이 서로 이질적인 성계로 배합되는 경우도 있다. 흔히 이렇게 이질적인 조합일 때는 통상 궁합이 안 맞는다거나, 성격 차이로 인해 많이 다툰다고 간명하는 일이 많은데, 알고 보면 이것도 해당사항이 없다.

나. 궁합의 기본적인 조건

〈합혼이 좋은 경우〉

가. 선천 녹존이나 화록을 부처궁에서 다시 록 · 권 · 과로 인동하면 부처로 인해 부와 명예가 좋아진다.

나. 선천 부처궁의 화록(化祿)이 나의 명궁(命宮)으로 들어오면 나를 좋아한다.

다. 선천 부처궁의 화과(化科)가 나의 명궁으로 비추거나 선천화과와
　삼합으로 비추면 부처는 가정에 성실한 사람이다.

〈합혼이 흉한 경우〉

가. 선천 부처궁의 화기(化忌)가 나의 화기(化忌)와 동궁할 때는 배우
　자로 인해 피곤한 일이 발생한다.

나. 선천 부처궁의 화록(化祿)이 나의 화기(化忌) 속으로 인동하면
　이혼하기 쉽다.

다. 선천 부처궁의 화권(化權)이 나의 화기(化忌)로 인동하면 배우자가
　간섭이 심하다. 또한, 선천화기(化忌)에 화권(化權)이 인동하면
　이혼하기 쉽다.

라. 선천 부처궁의 화과(化科)가 나의 화기(化忌)로 인동하면 안 좋은
　연분이다.

이외에도 자미두수에서는 부처궁의 화기(化忌)가 나의 천이궁을 충
하면 배우자가 나의 활동에 대해 이러쿵저러쿵하면서 간섭하게 되고,
여명에서는 부처궁의 화기(化忌)가 복덕궁을 충파하면 남자로 인해
마음고생이 심하고 천이궁을 충 하면 사사건건 시비가 많고 간섭이
많아진다.

결혼의 공식을 간단하게 요약해보면 아래와 같다.

가. 홍란(紅鸞)과 천희(天喜)를 대한녹존(大限祿存)으로 인동하면 바
　로 결혼하는 대한이다. (이 점을 잘 기억하고 있으면 결혼하는
　대한은 아주 쉽게 찾을 수 있다.)

나. 선천 화권을 대한 화록으로 인동하면 결혼 운이다.

다. 결혼은 혼자 하는 것이 아니고 반드시 배우자가 있어야 하는 것이므로 위의 (가)와 (나)를, 대한 부처궁(夫妻宮)에서 인동하면 결혼운이 된다.

라. 선천녹존과 대한녹존이 홍란·천희를 중첩하면 이궁을 화기로 충하면 결혼유년은 된다.

마. 유년은 화기(化忌) 속에다가 화록(化祿)을 넣게 되는 유년에 결혼 한다.

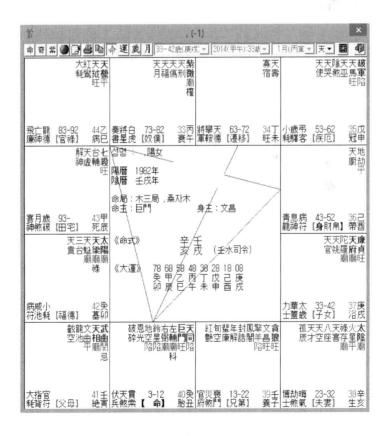

상기 여명은 계축궁(癸丑宮)의 거문·천동이다. 신해대한(23-32) 신묘년 30살에 결혼했다. 상기 여명의 결혼시기를 두수로 짚어보면, 홍란(紅鸞)·천희(天喜)를 녹존·화록이나 화기로 인동하면 된다. 신해대한(23-32)의 천이궁은 을사궁으로 (기·량·자·월)·천기화록이 홍란과 천희를 인동하므로 결혼대한이 된다.

신해대한에 결혼하기 전, 사귀던 남자와 한때 헤어졌다가 4년 만에 다시 재회하여 결국 결혼에 골인할 수 있었다고 한다. 결혼유년을 찾는 방법은 화기에 화록에 넣은 유년이라고 했다. 여러 화기 중에서도 특히 선천화기에 화록을 넣는 것이 가장 적중률이 높으므로 신년이나 병년이 유력하다고 할 수 있겠다. 같은 경우라고 한다면 확률이 반반일 것이다. 어떤 사람은 신년에 할 수도 있고, 병년에 할 수도 있을 것이다. 이 명의 경우에는 2011년 신묘년에 결혼했다. 신묘년이 되면 거문화록과 묘궁의 선천화록이 선천화기를 협하게 되므로 결혼하는 유년이다. 한 가지 주의해야 할 것은 결혼하는 대한 조건이 먼저 성립되고 나서, 결혼 유년을 논해야 한다는 점이다. 무작정 '선천화기에 유년화록을 넣으니까 결혼하는 해이네.' 라는 식으로 간명하는 우를 범해서는 좀 곤란하다.

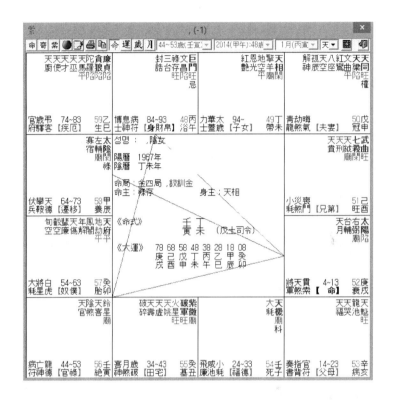

위의 명은 경술궁(庚戌宮)의 태양(太陽)이다. 1995년 28세에 결혼했다. 결혼대한을 보면 홍란과 천희를 녹존(祿存)이나 화기(化忌)로 인동하면 결혼하는 대한이다. 경간과 갑간이 유력한데, 임자대한(24~33)에 이르면 대한 부처궁이 경술궁이다. 경술궁 녹존이 무신궁으로 동하여 홍란과 천희를 타동한다. (또한, 경간의 화기(化忌)도 천동이므로 역시 홍란과 천희를 동하게 한다. 또한 경간 태양화록은 선천록존과 삼합으로 임인궁을 비추어 홍란과 천희를 타동한다. 이래저래 결혼하는 대한이 된다.) 선천화기에 화록을 비추는 하는 1995년 을해년에 결혼했다.

통상적으로 태양이 명궁에 있으면 상의로는 소통이고 빛이며 우월의 의미를 갖는다. 술궁 태양은 함지이므로 이미 힘이 부족하다. 따라서 소통 자체는 원활하고 인간관계는 좋은 편이지만 주로 듣는 편이고 맞장구를 잘치고 말솜씨도 좋아 주변 사람들에게 인기를 얻는다. 하지만 빛이 약한 태양이므로 주변을 통솔할 힘까지는 갖지 못한다. 또한, 태양 자체는 중천성이기에 항상 우월감이나 성취욕이 강하다. 항상 남보다 위에 서려는 경향이 있고 현재의 위치보다 높은 자리를 갈망한다. (태양은 강하면 강할수록 독단성이 나온다. 이는 태양의 우월감에서 나오는 특성이다.)

태양은 사람들에게 겉으로는 인기가 있어 보이나 본인의 마음은 외롭고 자기마음을 알아주는 사람이 없다고 괴로워한다. 또한 태양은 소통의 문제로 사람을 분간하지 못하고 이 사람 저 사람을 사귀게 되는 일이 많다. 설사 그것이 잘못이란 것을 안다고 해도 그 관계를 끊지 못한다. 태양은 왕지이면 소통이 잘 안돼서 외롭고, 함지이면 잘못된 만남으로 큰 낭패를 본다. 왕정치가 "태양이 왕지면 평인이며, 함지면 정치인이다."라고 한 것은 바로 이를 두고 한 말이다.

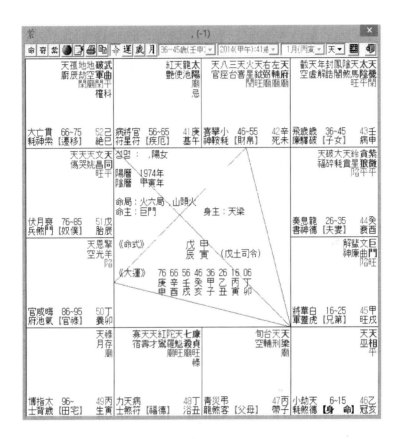

위 여명은 을해궁(乙亥宮)의 천상이고, 35세 무자년(戊子年)에 결혼했
다. 자미두수로 결혼시기를 살펴보자. 홍란과 천희가 축미궁에 있어
계간과 갑간이 유력한 결혼대한이다.

계유대한(26-35)에 이르면 대한의 녹존(祿存)은 병자궁으로 동하고,
병인궁의 선천록존과 축궁을 협한다. 따라서 결혼하는 대한이다.

결혼유년은 선천화기를 먼저 고려해야 하지만, 마침 계유대한에 대한
록존이 병자궁에 동하여 이미 선천화기를 충하고 있으므로, 다음 차례로
서 대한화기를 고려해야 한다. 계유대한의 대한화기인 탐랑화기를 화록

으로 타동하는 유년은 바로 무간(戊干)이다. 실제로 이 여명은 무자년에 결혼하였다.

해궁의 천상으로 상의는 인내, 보수, 균형이다. 천상은 어느 궁에 있든 기본적으로 참을성이 강하고, 재음협인이 되면 참을성이 더욱 강해진다. 그러나 형기협인이면 참을성보다는 거문의 구설시비가 많아지고 천량의 깐깐하고 트집을 잘 잡고 하던 일을 뒤엎는 단점이 크게 부각된다.

해궁의 천상은 재예에 대한 감각이 탁월하다. 정직하고 선량하며 인내심이 강하지만 대궁 무곡과 파군의 영향으로 인생의 변화폭이 크다. 명궁이 을해궁이므로 을간의 사화는 (기·량·자·월)로서, 천기화록과 태음화기이다. 먼저 태음화기가 선천화기와 더불어 천부를 협하므로 미궁 천부의 흉의가 언젠가는 반드시 드러난다.

천기화록은 기회포착이나 순간 판단력이 강해지는 일면이 있고 상황판단을 아주 잘 하는 특성이 있다. 그러나 태음화기가 동궁하므로, 기회가 와도 이것이 금방 드러나지 않으면 상황이 잘 가는 건지의 여부를 혼자서 판단하기가 힘들어진다. 더군다나 태음은 실질적인 상황에서는 매우 이기적으로 변해서 독단적 판단을 내리기가 쉽다. 태음이 화기까지 보면 정신적으로 더욱 민감해진다.

이 여명은 본인의 생시를 미시라고 하였으나, 필자는 오시로 판단하였다. 자미두수로 간명하다가 보면 본인들이 알고 있는 생시가 실제와 다른 경우들을 매우 흔하게 찾아볼 수 있다.

첫 번째 이유는 학문적 이유로서, 자미두수라는 학문 자체가 별자리를 바탕으로 하는 것이기 때문에 세차운동 등에 따른 오류가 생길 가능성이 있고, 둘째는 본인이 태어난 시를 제대로 모르고 있는 경우들이 많다. 유명한 학자인 포여명 선생이 쓴 비성 자미두수를 보면 계절 변화에 따른 별자리의 위치변화, 그리고 지구의 세차운동과 관련해서 생시의 오차 가능성을 매우 크게 보고 있다. 또한 '자미두수총결'에서 이미 다음과 같이 말하고 있는 것을 참고할 필요가 있다.

'가령 생시가 정확한데도 어째서 길흉화복이 맞지 않는가. 맞지 않으면 전후의 시를 합친 세 개의 시(時)를 써서 추단한다. 만약 생시의 어떤 착오가 있으면 추산하는 바가 믿을 것이 못 된다. 이는 희이(希夷)의 구결이며 배우는 자들은 반드시 자세하고 정밀하게 살펴봐야 한다.

이 대목에서 '시차'를 중시하는 것을 알 수 있다. 여기서 이른바 '시차'라는 것은 성요가 궁원에 들어간 것으로부터 발생하는 시간의 편차이다. '자미두수총결'을 쓴 사람은 이미 포여명 선생이 말하고 있는 상황들을 헤아렸으며, 따라서 구결 중에서 특별히 '시차'를 강조한 것이고, 게다가 학자들이 이르기를 '잘 맞지 않으면 세 개의 시간을 써서 추단한다.'라고 말해주고 있는 것이다.

말하자면, 만일 뽑아낸 한 개 명반의 추산이 실제와 잘 맞지 않을 때에, 응당 한 시진 앞으로 가거나, 혹은 한 시진 뒤로 물려서 추산하게 되면, 적어도 그 세 개의 성반 중에서 하나는 실제와 부합할 가능성이 큰 것이다. 또한 저명한 명리 대가인 왕장인(王章懿)선생과 명리와 자미의 대가인 이거장선생과의 다음과 같은 대화 내용에서도 생시에 대한 실상을 엿볼 수 있다.

"추산하여 사실과 부합하지 않으면 반드시 생시에 오류가 있는 것이다. 이것은 태어난 지형이나 또는 하늘의 움직임에 따라서 별의 배치가 바뀔 수가 있기 때문이다."
라고 말한다. 이와 같이 여러 대가들이 공통적으로 두수를 추산함에 있어, 생시에 있어서 어떤 의문점이 있음을 보여주고 있다, 필자는 이러한 점을 참고하여 의뢰인이 말해주는 생시만을 고집하지 않고,

실상과의 부합 여부를 세 개의 명반으로 따지는 관점을 취한다. 가끔 의뢰인이 시간의 경계점 부분에 있어 애매할 경우에는 참고삼아 결혼년도나 부모의 사망 여부를 물어본다. 가령 15시 30분경에 태어났다고 할 때, 비록 본인이 미시라고 강하게 주장하더라도 자미두수의 명반 상으로는 반드시 신시로 봐야 실제와 부합되는 경우가 있는 것이다.

어느 초여름 병술일 미시를 지나고 있을 무렵 상담 의뢰가 들어왔는데 일진의 쾌상에 구설수가 떴다. 매우 조심스럽게 시간을 묻자 진시라고 하는데, 그 시의 명반은 부모를 일찍 여의는 명반이다. 부모가 돌아가셨냐고 묻자 떨떠름한 표정으로 멀쩡하게 살아 계신다는 답변이 돌아온다.

문제는 여기서부터 발생한다. 생시의 전후를 합친 3개의 명반을 가지고 열심히 간명하고 있는데, 왜 자신의 멀쩡한 생시를 임의로 바꾸느냐면서 항의가 들어온다. 정해진 일진을 숨길 순 없는 법인가 보다. 아무리 설명을 해줘도 이미 마음에서 의심이 싹터 버렸다. 그렇다고 일반인에게 학술적인 부분까지 아무리 설명 해 본들 씨알도 먹히지 않는다. 과연 이 의뢰인이 병원이나 한의원에 가서도 이렇게 까다롭게 의사를 대할까 하는 마음이 들기도 하고 답답한 마음을 토로할 길이 없어진다. 두수 명반의 특성상 어렵게 3개의 시진을 동원해서라도 실제와 보다 잘 부합되는 명반을 찾고자 하는 나름의 성실한 노력이 이렇게 무상해지기도 하는 것이다.

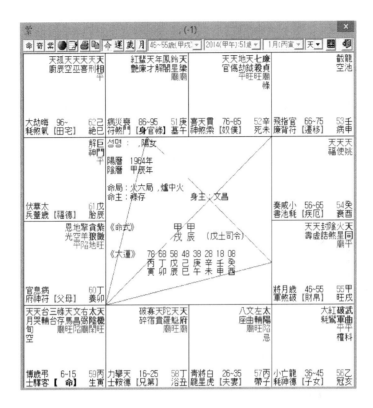

위의 여명은 1990년 경오년 27세에 결혼했다. 결혼 대한을 보면 홍란과 천희가 사해궁에 있으므로 병간·무간·임간이 유력해진다. 병자대한 (26~35)에 이르면 대한록존은 기사궁에 동하므로, 홍란과 천희를 인동한다.

결혼 유년은 태양화기에 화록을 인동하는 경년이나 병년이 유력해진 다. 이 여명은 경오년 태양화록이 선천화기를 인동하는 유년에 결혼했다.

이 명은 병인궁의 천기와 태음이고, 녹존이 동궁한다. 태음의 상의는 성취욕·우월감·지배욕이다. 실제로 이 여명은 성취욕이 강하고 직위 에 대한 열망 또한 강하다. 태음은 태양과 같은 맹렬한 발산의 별이 아니기 때문에 자신의 내면 깊은 곳에서 느끼는 목표의식이 강하다.

또한 복덕궁 거문의 영향으로, 열의는 강하지만 질투심도 강하다. 다만 표출이 안 되고 마음속으로만 가지고 있어 다른 사람들은 눈치를 채지 못할 뿐이다. 명궁자체에 녹마가 동궁하면서 녹마교치(祿馬交馳)가 되는 것을 보통 길하다고 본다.

녹마교치의 정확한 뜻은 득재, 입신양명, 음덕 등에 있어서 남들보다 기회가 두세 배가 더 있다는 뜻이다. 가령 둥근 통 안에 공을 던져 넣는다고 할 때에 보통 한 번의 공만을 던질 수 있다고 한다면 녹마교치가 이루어진 명은 적어도 두세 개의 공을 쥐고 던지는 것이기 때문에 그만큼 기회가 많아진다는 뜻이 된다. 이 정도면 세상을 살아가는데 있어서 매우 유리한 조건이라고 할 수 있을 것이다. 그렇다고 녹마교치가 반드시 부격이 보장되어 있는 것은 아니고, 단지 기회를 많이 잡을 수 있다는 것뿐이니 오해가 없어야 한다. 이 여명은 오히려 파재를 심하게 겪었고 또 결혼한 이후에는 얼마 못가서 이혼까지 하였다. 결과적으로 녹마교치의 그 많은 기회를 모두 헛되이 날린 경우라고 할 수 있으니 좋은 것도 쓰기 나름인 것이다.

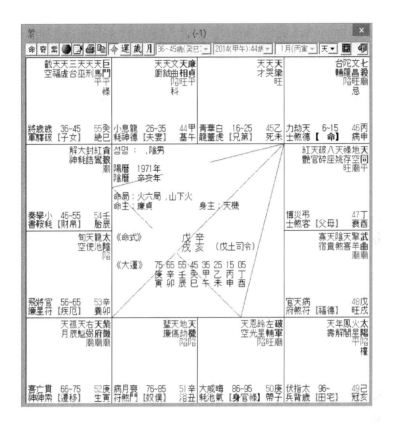

위의 남명은 병신궁(丙申宮)의 칠살 명이다. 이 명은 2005년 35세에 결혼했다. 결혼 대한을 보면 홍란과 천희가 진술궁에 있어 녹존(祿存)이나 화기(化忌)로 인동하면 되는데, 갑오대한(26-35)의 부처궁은 임진궁으로 해궁에 대한록존이 들어가면서 선천록존과 무술궁을 협하기에 결혼 대한이다.

유년은 선천화기나 대한화기에 화록을 넣으면 되는데, 선천화기는 문창이고, 대한의 화기는 무곡화기로 정유궁을 화기로 협 한다. 이궁에 화록을 넣으면 되는데 2005년에 천기의 화록은 거문의 화록과 삼합으로 유궁의 화록을 인동할 수 있어 결혼유년이 된다.

칠살(七殺)의 상의는 의지와 도전정신이다. 칠살(七殺)을 감명을 할 때에는 가장 주의해야 할 것이 신궁(身宮)의 위치인데, 칠살(七殺) 좌명자가 신궁(身宮)까지 살·파·랑에 떨어지면 매우 흉하다. 대부분이 매우 폭력적이거나 강한 승부욕을 보이는 성향을 보여준다.

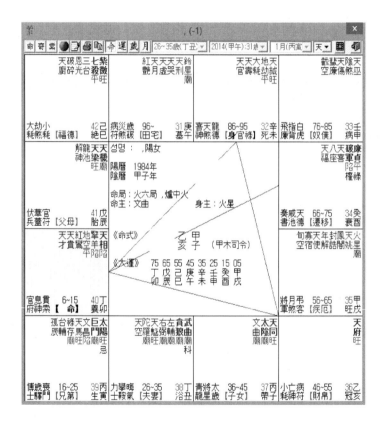

위의 여명은 정묘궁(丁卯宮)의 천상(天相)이다. 2011년에 28살에 결혼했다. 자미두수로 이 명의 결혼 대한을 찾아보면 홍란과 천희가 묘유궁에 있으므로, 신간이나 을간이 유력하다. 정축대한(26-35)에 대한 천이궁은 신미궁이다. 신미궁 녹존은 묘궁으로 동하므로 결혼 대한이다.

결혼 유년은 인궁 태양화기에 화록이 들어가는 신년이나 경년이다. 실제로 2011년 신묘년에 결혼하였다.

묘궁 천상(天相)의 상의는 균형·안정·모범이다. 이 명은 천상이 함지라서 힘이 없다. 이런 경우 천상의 관리능력이 떨어지거나 대인관계가 취약해진다. 천상은 묘궁에 있으면 약간 내성적이 되고 순수하고 착하다. 이에 비해 유궁의 천상은 좀 더 성격이 강하고 관리를 잘하며 주관이 뚜렷하다. 천상이 묘유궁에 포진하면 얼굴색은 약간 검은색이고, 남명의 경우는 살집이 좀 있는 편이다.

부처궁은 정축궁의 무탐조합으로 보좌성과 동궁하고 있어 매우 길하지만, 정축궁의 화기는 거문으로 선천화기와 같으므로 인수혼에 해당한다. 부부관계가 좋지 않을 것임을 암시한다.

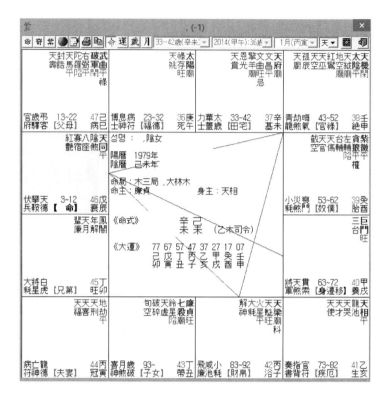

위의 여명은 무진궁(戊辰宮)의 천동(天同)이다. 2007년 29세 정해년 8월에 결혼했다. 본인의 생시는 진시라고 했으나, 묘시로 간명하였다. 이 명의 결혼대한을 보면 홍란과 천희가 인신궁에 있어 경간(庚干)·갑간(甲干)이 유력하다. 경오대한(23-32)에 이르면 대한의 녹존은 신궁으로 인동하므로 결혼 대한이다.

유년은 대한녹존과 선천녹존이 선천화기를 협으로 인동하여 남은 것은 대한의 화기인 천동화기이다. 이 궁에 화록을 넣는 유년이 결혼유년인 셈이다.

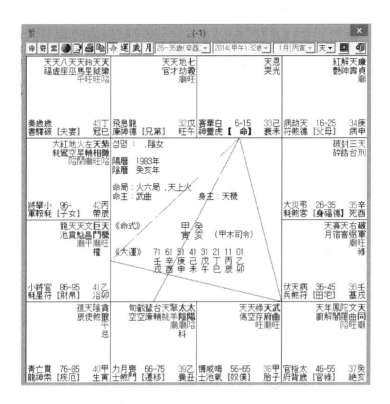

위의 여명은 미궁(未宮)의 무(無)정성이다. 대궁에 태양과 태음을
보고 있다. 2002년 임오년 20살에 결혼을 했다. 결혼 대한을 보면 홍란과
천희가 진술궁에 있어 녹존을 인동하기 쉽지 않다. 선천 녹존을 이용하여
삼합으로 넣는 것이 좋은 방법이다.

경신대한(16-25)의 녹존이 경신궁으로 동하면 자궁의 녹존과 삼합으
로 진궁의 홍란과 천희를 인동하여 결혼 대한이 된다.

결혼유년을 보면 경신궁의 녹존은 대궁의 선천화기를 보고 있고 대한
의 화기(化忌)는 천동으로 화록이 인동하는 병년이나 임년에 결혼한다.

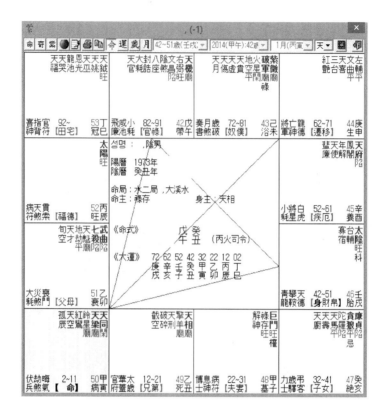

위의 명은 갑인궁(甲寅宮)의 천량과 천동으로 2002년 임오년 30살에 결혼했다. 이 명의 결혼대한을 보면 홍란과 천희가 인신궁에 있어 갑간 (甲干)과 경간(庚干)이 유력하다. 갑자대한(22-31)에 이르면 대한의 녹존 이 갑인궁으로 동하여 결혼대한이다.

대한의 화록은 염정으로, 선천화기를 화록으로 인동하고 화기는 태양 의 화기이다. 2002년 임오년이 되면 천량의 화록은 자궁의 녹존과 일보행 으로 진궁으로 인동하여 대한화기를 화록으로 비추어서 결혼유년이 된다.

천동과 천량의 상의는 불변, 정직 이상이다. 하지만 천동과 천량이 동궁하고 살기(煞忌)를 보면 융통성이 부족하고 이기적이며 헤매는 것이 특징이다. 그래서 첫 단추가 중요하고 목표를 두고 빠르게 매진하면 좋지만, 자칫 인생행로를 못 찾거나 헤매는 수도 있고, 융통성이 부족하여 안 되는 일을 계속 기다리거나 될 때까지 하는 경우가 있다. 하지만 이러한 특성은 정직한 심성으로부터 나오는 것이다. 의협심도 많고 정의감도 강하지만 천동과 천량이 동궁하는 까닭에 살성이 조금만 비추어도 인생의 부침이 심해진다. 위의 남명은 명궁의 자화기가 복덕궁을 충하는데, 복덕궁에는 태양과 태음의 중천성이 마주하고 있다. 이들이 화기의 충을 받으면 생각이 많아지고 복잡해진다.

계해대한에 이르면 대한의 화기는 탐랑으로 선천화기와 동궁하여 쌍화기가 되는데, 출하여서 거문화기로 인동한다. 대한신주는 천기인데 출한 화기가 바로 천기를 충 한다. 이 대한의 부부관계가 좋지 않을 것임을 암시한다. 또한 천기의 대궁에는 거문이 있다. 원래 거문은 입과 노고의 성계로 고생을 주관한다. 이 대한의 본명과 배우자 중의 누구 한 사람은 상대방으로 인해 심하게 고생을 하는데 이것은 거문과 동궁하고 있는 선천록존을 화기로 충하기 때문이다. 보통 신주가 화기를 보면 질병이 생기거나 부부관계가 안 좋아지고, 녹존이 화기를 맞으면 자기 인생의 귀하고 중요한 부분이 파괴당하는 것이다.

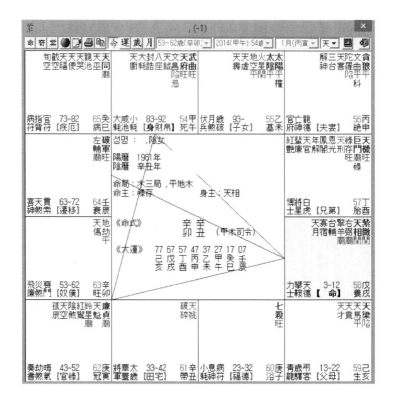

위의 여명은 무술궁(戊戌宮)의 자미와 천상이다. 1986년 26세 병인년 (丙寅年)에 결혼했다. 이 명의 결혼 대한은 홍란과 천희가 인신궁(寅申宮) 에 있어 이 궁에 녹존을 넣는 대한을 찾아야 한다. 경자대한(23-32)에 이르면 대한의 녹존은 신궁으로 동하여 조건을 충족한다. 경자대한의 사화는 경(일·무·음·동)으로 화기는 천동의 화기이다.

선천화기에 화록을 넣거나, 대한의 화기에 화록을 넣는 유년에 결혼하 는데 이 명은 병인유년에 천동의 화록을 인동하여 결혼을 했다.

여명의 자상 구조는 성정이 온화하고 자상하다. 한번 무엇이든 빠져들 면 거기에 매달리게 되고 쉽게 변하지 못한다. 남명은 그에 비해 성격과 주관이 강한 편이다. 선천 부처궁은 신궁의 탐랑인데, 타라와 동궁하여 "풍류채장격"을 이룬다. 또한 부처궁의 화기는 염정화기로써, 선천화기와 삼합으로 본 명궁을 충하는데, 이는 배우자가 간섭을 심하게 한다는 의미를 내포한다. 만약 여명에서 부처궁의 화기가 본명의 복덕궁을 충파한다면 남자를 만나서 심하게 고생한다는 뜻으로서 일생 박복하다는 의미가 된다.

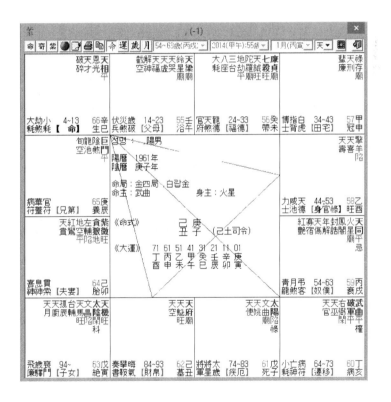

위의 남명은 신사궁의 천상(天相)이다. 1990년 경오년 30세에 결혼했다. 이 명의 결혼 대한을 보면 묘유궁에 홍란과 천희가 있어, 이 궁의 녹존을 인동하면 결혼 조건이 성립한다. 계미대한(24-33)에 대한부처궁은 신사궁으로 녹존이 유궁으로 동한다.

화기가 삼합으로 비추는 궁을 화록으로 인동하면 결혼유년이 되는데 1990년 경오년에 결혼했다.

이 명의 신주(身主)는 화성(火星)으로 병술궁의 천동과 동궁하고 부처궁은 묘궁(卯宮)의 자미와 탐랑이다. 신주가 형노선에 있으므로 배우자는 친구, 모친, 형제의 소개나 모임, 환담자리에서 만날 가능성이 매우 크며, 부처궁 역시 자미와 탐랑으로 동호회, 사교 모임 등을 암시한다.

신주(身主)는 화성(火星)으로 천동 복성과 동궁하여 선천화기를 만나므로 부부간에 서로 불평불만이 아주 많고, 특히 화성(火星)의 영향으로 심지어 폭력 행사를 한다.

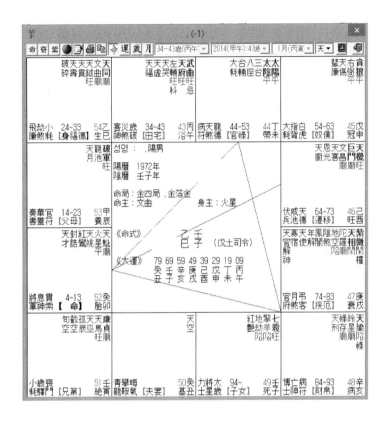

위의 남명은 계묘궁의 무정성이고, 대궁에 천기(天機)와 거문(巨門)을 보고 있다. 2000년 경진년(庚辰年) 29세에 결혼하였다. 을사대한(24-33)에 이르면 대한녹존이 묘궁으로 인동하고, 그 궁에는 홍란(紅鸞)과 천희(天喜)가 있으므로 결혼하는 대한이다.

결혼 유년을 찾아보자. 을사대한의 화기(化忌)는 태음(太陰)으로 유년의 화록이 인동하거나, 선천화기(化忌)인 무곡(武曲)에 화록이 인동하는 유년도 결혼 유년이다.

한편 병오대한(丙午大限)이 되면 대한 천이궁은 임자궁이며, 대한화과는 좌보(左輔)로 선천화기(化忌) 궁으로 인동한다. 이것은 파재를 의미한다. 또한 대한 명궁의 화기는 염정인데, 선천화기와 삼합으로 술궁을 충한다. 술궁은 선천의 부질선이므로 직장의 변동을 의미한다. 이 대한에 사업을 하다가 파재하였다.

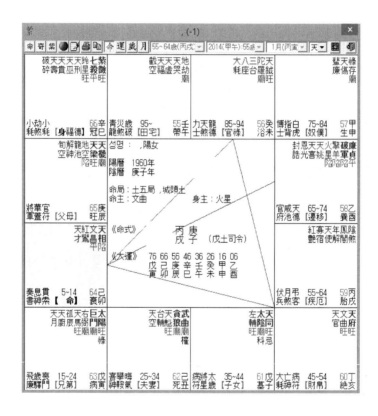

위의 여명은 기묘궁(己卯宮)의 천상(天相)으로, 28세인 1987년 정묘년(丁卯年)에 결혼했다. 이 명의 결혼 대한을 보면 홍란(紅鸞)과 천희(天喜)가 묘유궁에 있어 결혼 대한으로는 신간(辛干)과 을간(乙干)이 유력하다. 기축대한(25-34) 부처궁의 천이궁을 보면 신사궁(辛巳宮)이므로 조건을 충족한다.

결혼 유년은 선천화기에 화록이 들어가는 유년이다. 정묘년(丁卯年)은 선천화기에 화록을 인동하는 해이다.

명궁은 기묘궁(己卯宮)으로 사화는 기(무·탐·량·곡)이다. 무곡화록은 부처궁으로 인동하고 문곡화기는 재백궁에 있으니, 이는 조응법칙으로 배우자와 돈 문제로 항상 다투는 형상으로 본다. 남편이 무능하여 항상 불만이 크다.

또한, 신주(身主)는 화성(火星)으로 명천선에 있으므로 배우자는 사회활동을 하는 중에 만났을 가능성이 크다. 부처궁의 무곡과 탐랑, 그리고 화권(化權)의 영향으로 배우자를 만날 때에는 최소한 2명의 이성과 교제를 했을 것이다.

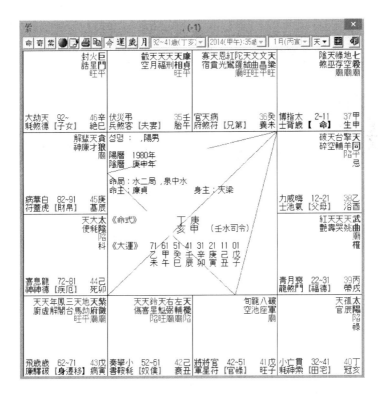

위의 남명은 갑신궁(甲申宮)의 칠살(七殺)이다. 정해대한에 파혼을 했다. 정해대한(32~41)에 이르면 대한녹존은 오궁에 동하고, 선천녹존과 미궁을 협한다. 축미궁에는 홍란(紅鸞)과 천희(天喜)가 있어 결혼하는 대한이다.

한편 대한 부처궁은 유궁으로 태음화기가 인동하여 선천화기를 충한다. 화기가 중첩된 궁선에 배우자궁에서 화권(化權)을 인동하면서 응수하면, 서로 인연이 다하여 파혼이나 이혼이 성립하는데, 대한의 명궁은 정해궁이므로 천동화권이 인동한다. 결혼을 몇 달 앞두고 깨졌다.

칠살의 상의는 의지가 강하고 고집스러우며 집요하고 총명하다. 한번 하고자 마음을 먹은 것은 물러나지 않고 될 때까지 도전하는 것이 칠살의 주요 특징이다. 칠살은 비교적 총명한데 비해 항상 육친 인연은 불리하다. 만약 육친의 상황이 좋으면 타향살이를 하게 되고 스스로 모든 결정을 하고 혼자서 처리해야하는 고독한 성계이다.

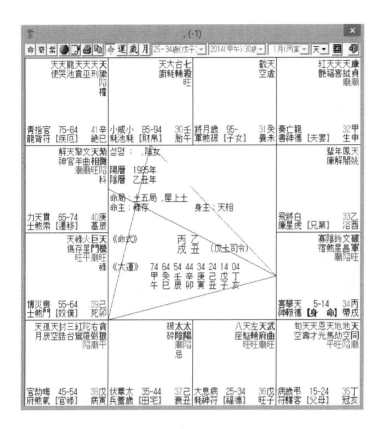

위의 명은 병술궁(丙戌宮)의 파군(破軍)명이다. 2014년 정월에 남자친구를 만난다. 무자대한(25~34)에 이르면 대한의 무간(戊干) 사화는 (탐·음·필·기)이다. 탐랑화록으로 인신궁의 홍란(紅鸞)과 천희(天喜)를 인동하므로 결혼 대한이다.

한편 화기(化忌)는 천기로 선천화기와 무인궁을 협하는데, 대한의 부처궁은 병술궁으로 염정의 화기가 이 무인궁을 다시 한번 충 한다. 이렇게 대한의 화기가 인동한 궁을 부처궁에서 다시 화기로 충하면서 응수하면 서로 헤어지기가 쉽다.

어떤 대한에 이르러 이성을 만나는 유년(流年)을 알고 싶으면, 결혼 유년을 찾는 방법을 응용하면 된다. 요령은 강력한 화기(化忌)가 동한 궁에 화록(化祿)을 비추면 된다. 이 경우에는 무자대한에 선천화기와 대한화기가 인궁을 협하면서 강력한 화기의 세력을 형성하고 있다. 바로 여기를 갑년 염정화록으로 충하므로 2014년 갑오년에 이성을 만난다.

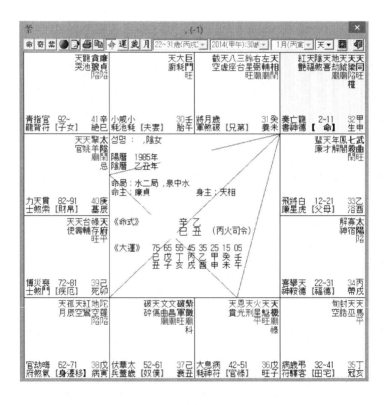

이 명은 병술대한 경인년에 남자친구를 만나서 헤어졌다가 다시 만난다. 병술대한의 천이궁은 경진궁으로 녹존이 신궁(申宮)으로 동하면 홍란과 천희를 비추어 결혼 대한이다.

한편 대한 부처궁은 갑신궁으로 화기(化忌)는 태양이고, 선천화기와 충한다. 대한의 명궁은 병술궁으로, 천기의 화권과 천량의 화권이 삼합으로 화기가 있는 궁을 인동하여 응수하므로 결혼이 깨진다.

이성을 만나는 유년은 화기(化忌)를 화록(化祿)으로 인동하는 시기이다. 경인년이 되면 선천화기를 태양화록으로 충하므로 이성을 만난다.

명궁은 갑신궁의 천동과 천량인데, 화권이 동궁하여 고집이 세고 자기주장이 최우선이다. 다행히 공겁이 이러한 성격을 다소 약하게 만들지만, 대궁의 타라는 "홀로 고독하든지" 혹은 "말이 서로 통하지 않는다." 라고 하는 의미를 내포하는 살성이기에 더욱 고독감에 빠져든다.

명궁의 성격이 이러하므로 배우자는 이해심이 많거나 자상해야 하고 이 여자의 말에 귀를 기울여 주어야 올바른 연애를 할 수 있다. 더군다나 신주(身主)가 천상으로서, 말을 바꾸거나 신의가 없는 것을 매우 싫어한다.

병술대한의 화기는 염정으로 감정을 주관하는 성계인데, 바로 그 염정을 화기로 충하여 이 대한에 감정적으로 상처를 받는다. 남자친구가 거짓말을 하는 바람에 한때 헤어질까 고민을 하였다.

북파 자미두수의 이혼 추론 방법

보통 이혼은 부부에게 엄청난 스트레스와 고통을 준다. 당사자들 뿐 아니라 양쪽 집안과 자녀에게도, 장래가 걸린 문제이기에 신중하고 또 신중해야 한다. 그러므로 첫째는 결혼 시기가 오면 궁합을 봐서 서로에게 상처가 되는 결혼은 피하게 하는 것이 좋고, 이미 결혼을 하였으면 상담을 통해서 부부가 노력하는 것이 그 두 번째 이다. 그러므로 이 학문을 배우는 자는 점사만 볼 것이 아니라, 이혼을 막고 평생해로를 할 수 있도록 최대한 도와주는 것이 올바른 도리일 것이다.

이혼의 공식을 간단하게 요약해보면 아래와 같다.

사화법으로 판단하는 방법이 있기는 하지만, 이 부분은 대만 등에서 출간된 기존의 서적들에서 이미 충분히 설명되어 있어서 생략하고 넘어가니 이 점을 널리 양해해주시기 바란다. 간단하게 공식을 정리해보면 다음과 같다. 이 세 가지 공식 중에 하나라도 성립되면 그 대한 내에 이혼할 확률이 매우 높아진다.

가. 선천화기(化忌)을 중심으로 대한명궁이나 부처궁에서 화록(化祿)을 넣게 되면 이혼의 기본 구조가 성립한다. (매우 쉬운 방법이므로 일단 이점만 기억하고 있으면 이혼하는 대한을 찾는데 큰 무리는 없을 것이다.)

나. 위의 조건이 성립한 상태에서, 대한명궁이나 대한부처궁에서
   나온 화기(化忌)속에 다른 배우자궁에서 나온 화록을 넣어, 화기
   를 건드리는 것을 일컬어 소위 연미사화라 하는데, 이 조건이
   성립되면 이혼 가능성이 매우 높아진다.

다. 대한 명궁이나 대한 부처궁의 화기가 선천화기와 동궁이나 연계될
   때, 상대방 배우자의 궁에서 화권(化權)이나 화기(化忌)로 다시
   응수하면 이혼이다.

라. 신주(身主)에 화기가 동궁하는 대한에는 결혼생활이 불리하다.
   고진(孤辰)과 과숙(寡宿)이 화기를 볼 때도 역시 부부간에 다툼이
   많거나 이혼한다.

또한, 북파(北派)에서는 선천 부처궁의 사화를 활용하여 간단하게
배우자의 길흉을 살피는 방법이 있는데, 다음과 같다.

1) 부처궁의 화기가 선천화기와 동궁하거나 마주보면 흉함.

2) 부처궁의 화기가 선천화기와 함께 명천이궁을 삼합, 협으로 깨도
   마찬가지 흉함.

3) 부처궁의 화기가 복덕궁을 인동하거나 충하면 흉함.

이럴 때에는 배우자가 나에게 그다지 힘이 되지 못하거나, 배우자
운이 매우 박하다고 볼 수 있다. 또한, 명궁이나 부처궁의 화록(化祿)이나
화기(化忌)가 고진(孤辰)과 과숙(寡宿)을 인동하는 경우 배우자와 떨어
져 있는 시간이 많아진다. 주변에서 실제 사례들을 찾아서 적용해보면
신기하게 부합되는 것을 경험할 수 있을 것이다. 그리고 명궁과 부처궁의
화록(化祿)이나 화기(化忌)가 천요(天姚)나 함지(咸池)・홍란(紅鸞)과
천희(天喜) 등과 같은 소성을 인동하면 외도할 확률이 높아진다. 외도와

관련된 내용은 다음 장에서 별도로 다루게 될 것이다.

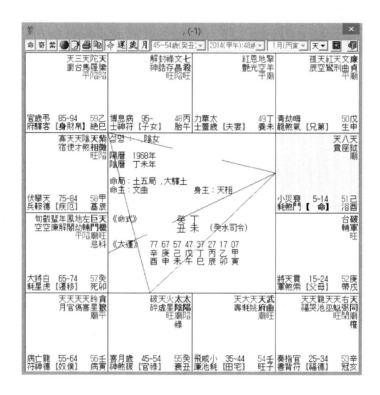

위의 명은 1990년(庚午年) 23세 4월에 연애결혼을 하였고, 경제적인 이유로 2000년(庚辰年) 33세에 이혼을 하였다.

경술대한(15-25)에 이르면 대한의 녹존은 무신궁의 홍란(紅鸞)과 천희 (天喜)를 인동하여 결혼 대한이다.

결혼 유년을 찾아보자. 화기(化忌)는 천동으로 묘궁의 선천화기와 삼합으로 정미궁을 강하게 인동시킨다. 이 궁에 유년의 화록을 넣으면 결혼 유년이 되므로 경오년 4월에 결혼에 성공했다. 정년도 가능성이 있었지만, 이 경우에는 경년에 결혼했다.

일단 이와 같이 결혼을 하였으므로, 다음에는 이혼을 찾아보자.

방법1) 신해대한에 이르면 신간(辛干)의 사화는 (거·일·곡·창)이다. 신간의 거문화록으로 선천화기를 인동한다. 일단 첫 번째 공식을 만족하므로 매우 흉한 조건이 성립되었다. 그리고 신간의 화기(化忌)는 문창인데 선천 녹존을 충한다. 이 상황도 그리 길한 것이 아닌 것은 확실하다. 또 대한의 부처궁은 기유궁인데 무곡화록이 대한명궁의 문창화기를 다시 화록으로 응수하니 두 번째 공식까지 성립하므로 이는 곧 이혼이다.

방법2) 신해대한에 이르면 대한 천이궁은 을사궁으로 을간에서 태음화기가 나온다. 이것이 선천화기와 협하여 탐랑을 인동한다. 그리고 대한 부처궁은 기유궁인데 기간(己干)에서 탐랑화권이 나와서 응수한다. 세 번째 공식에 부합함을 상기하라.

한편 이혼하는 유년은 화기에 화권을 인동하는 조건을 찾는다. 대한화기에 화권을 넣는 유년이 곧 이혼 유년이다. 2000년 경진년의 화권은 무곡으로 대한의 문창화기를 대궁에서 화권으로 인동하여 조건이 성립하므로 이 해에 이혼한다.

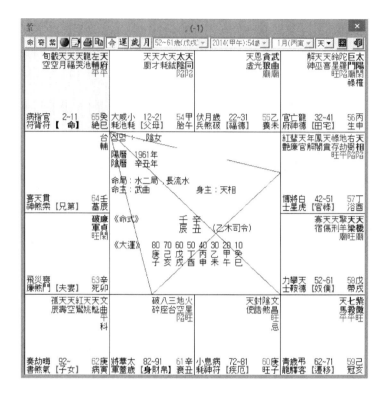

위의 여명은 1997년 37살인 정축년(丁丑年)에 결혼하고, 2001년 41살 신미년(辛未年)에 이혼을 했다. 결혼 대한은 홍란(紅鸞)과 천희(天喜)가 인신궁(寅申宮)에 있어 갑간(甲干)과 경간(庚干)이 유력하다. 병신대한 (32-41)에 이르면 대한 천이궁은 경인궁으로, 녹존이 신궁으로 인동하여 결혼 운이다.

결혼 유년을 찾아보자. 대한의 사화는 경간 (일·무·음·동)으로 천동화기가 자궁의 선천화기와 충하면서 강력하게 자오궁선을 화기로 물들였다. 이 궁선에 화록(化祿)을 넣는 유년이 결혼 유년이다. 정년에 태음화록을 넣게 되면서 결혼 하였다.

일단 이처럼 결혼을 하였으므로, 이혼 조건이 성립되면, 이혼으로 직행하게 될 것이 틀림없다. 이혼 조건을 찾아보자.

방법1) 병신대한(32~41)을 보면 대한 사화는 병간에서 (동·기·창·염)이므로 천동화록이 선천화기를 강타해버린다. 첫 번째 공식을 만족한다. 그것도 모자라 염정화기로 신주를 때리기까지 한다. 네 번째 공식을 만족한다. 그리고 대한 부처궁의 사화는 갑오궁이므로 염정화록이 대한 명궁의 화기를 인동한다. 두 번째 공식을 만족한다.

방법2) 병신대한에 부처의 천이궁을 보면 경자궁이다. 천동화기는 문창화기와 마주보고 있다. 대한의 명궁인 병신궁은 천기의 화권으로 선천화권과 일보행으로 자궁으로 인동하여 이혼이다. 세 번째 공식을 만족한다.

이혼 유년은 화기에 화권을 넣으면 된다고 했다. 먼저 대한화기는 염정이다. 대한 화권은 천기로 선천화권과 정유궁을 협한다. 바로 이 궁의 대궁에 대한화기가 있다. 그리고 선천화기인 문창에 화권을 넣으면 이혼 유년이 되는데 대한에 화권은 천기이므로 일보행으로 인동할 수 있는 거문화권, 태양화권이 유력하다.

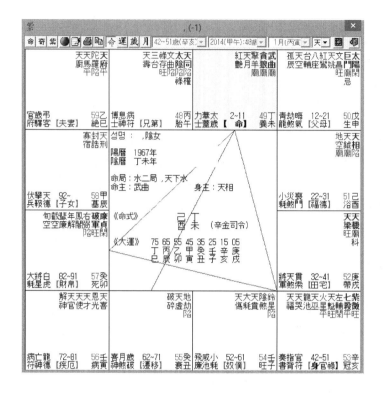

위의 여명은 정미궁(丁未宮)의 무곡과 탐랑(武曲・貪狼)이다. 경술대한(32–41)에 이르면 대한의 화기는 천동화기(天同化忌)로, 오궁(午宮)에 위치하는데, 대궁에 함지(咸池)가 있고, 선천적으로 이미 인신궁(寅申宮)에 천요(天姚)・홍란(紅鸞)・천희(天喜) 등이 화기를 보고 있다.

도화가 만발하여 약간의 분위기만 조성되면 곧바로 외도를 잘 할 수밖에 없는 운명이다. 또한 일단 천동화기(天同化忌)를 오궁(午宮)에 넣으면 선천화기와 더불어 일보행으로 진행하여 갑진궁(甲辰宮)으로 진입한다.

실제로 이 여명은 이 대한에 사업을 한답시고 여기저기서 돈을 끌어다

썼다가 결국 파재를 당했고, 또 그것으로도 모자랐는지 몰래 애인을
두고 즐기다가 남편한테 들켜서 이혼까지 당했다.

　보통 천요(天姚)・홍란(紅鸞)・천희(天喜)・함지(咸池)에 화기가 들
어오면 도화가 발동하는데, 자세히 보면 이 대한에 이 소성들이 모두
화기를 보고 있는 것을 알 수 있을 것이다.

　경술대한의 사화는 (일・무・음・동)이다. 태양화록이 신궁에 있는
선천화기를 인동한다. 첫 번째 공식에 부합한다. 천동화기(天同化忌)는
선천화기(化忌)와 더불어 정미궁을 협 한다. 이때 대한 부처궁은 무신궁
으로 탐랑 화록(化祿)이 정확하게 화기가 협한 바로 그 중심 위치, 미궁을
화록(化祿)으로 인동하고 있다. 두 번째 공식에 부합한다.

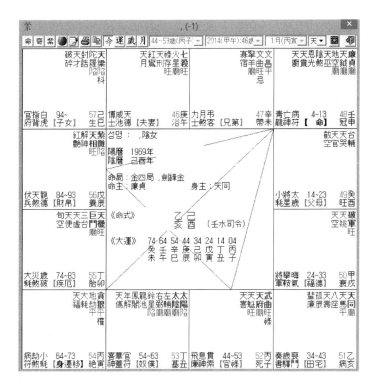

위의 여명은 임신궁(壬申宮)의 염정(廉貞)이다. 을해대한(34-43) 대한 부처궁의 천이궁인 정묘궁(丁卯宮)에서 사화는 (월·동·기·거)이다. 태음화록(化祿)이 선천화기(化忌)를 화록으로 타동한다. 첫 번째 공식에 부합한다.

대한의 명궁은 을해궁으로 (기·량·자·월)이다. 천기의 화록(化祿)이 동하면 대한 부처궁의 화기(化忌)를 인동하여 화기(化忌)의 꼬리를 화록(化祿)이 무는 형국이 일어난다. 두 번째 공식에 부합한다.

인신궁의 염정(廉貞)은 욕망도 많고 사업수단도 있으며 허영심도 많이 가지고 있다. 염정은 귀신성계이기에 화기(化忌)가 인동하면 육감 또한 상당히 발달한다.

이 명은 을해대한에 남편이 파재를 했는데 대한 명궁이 을해궁이므로 선천화기와 쌍기를 이루고 있다. 이 궁은 대한의 재복선에 해당된다. 대한의 부처궁은 계유궁으로 계간사화 (파·거·음·탕)이다. 태음의 화과(化科)로 선천화기궁에 인동하여 이 대한에 부처가 파재를 한다. 화기궁(化忌)에 화과(化科)를 교잡시키는 것은 뭔가 일이 틀어졌음을 의미하는데 대표적인 상의는 파재이다.

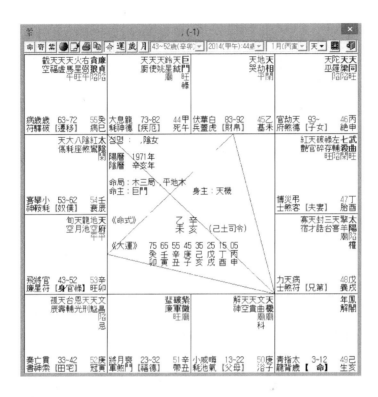

위의 명은 을해궁(乙亥宮)의 무정성이다. 2003년 계미년(癸未年)에
이혼을 했다.

경인대한(33-42)에 이르면 천이궁은 병신궁으로, 천동의 화록(化祿)
은 문창(文昌)의 화기를 타동하므로 첫 번째 공식에 부합한다. 그리고
대한 부처의 천이궁은 갑오궁으로, 염정의 화록(化祿)이 인동하면 대한
명궁의 화기(化忌)를 화록(化祿)으로 타동하여, 두 번째 공식에 부합하므
로 이혼구조가 성립된다.

이혼 유년은 화기(化忌)에 화권(化權)을 넣는 해로, 선천화기는 문창으
로 여기에 화권을 넣는 것이 이혼유년이 된다. 2003년이 되면 계미년의
화권은 거문으로 술궁의 화권과 삼합으로 선천화기를 인동하여 이혼한다.

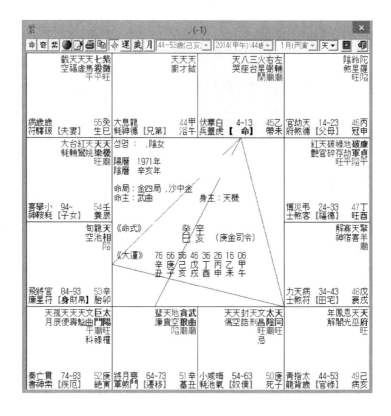

위 명은 을미궁(乙未宮)에 좌보(左輔)·우필(右弼)이 있고 대궁에 무곡(武曲)·탐랑(貪狼)을 보는 명이다. 2007년 정해년(丁亥年)에 37세 결혼, 2008년 무자년(戊子年)에 38세에 이혼을 했다.

결혼운을 보면 홍란·천희는 진술궁에 있어 이궁을 녹존(祿存)으로 인동하면 결혼운 인데 진·술·축·미 사고에는 녹존(祿存)이 들어갈 수가 없다, 그러므로 기유궁의 녹존(祿存)을 이용하면 된다. 무술대한(34-43)에 이르면 대한의 천이궁은 임진궁이며, 녹존(祿存)은 해궁으로 인동하면 선천녹존(祿存)과 무술궁을 협하여 결혼 운이다. 임간의 사화는(량·자·보·무) 천량의 화록(化祿)에 무곡의 화기(化忌)이다. 유년

은 대한의 화기(化忌)를 화록(化祿)으로 인동하거나 선처화기를 화록으
로 인동하면 된다. 2007년이 되면 태음의 화록은 선천의 문창의 화기를
화록으로 인동하여 결혼유년이 된다. 이 대한은 불과 1년 만에 결혼과
이혼을 하는 일이 벌어지는데, 그 사건을 추적하자면 대한의 부처궁은
병신궁으로 천동의 화록은 선천화기를 화록으로 인동하고 화기는 염정
이다. 대한명궁의 천이궁은 임진궁으로 천량의 화록은 거문의 화록과
묘궁의 천상을 협 하는데 대궁에 염정화기가 있다. 염정화기를 다시
화록으로 인동하여 이혼이 성립한다. 이혼유년은 선천화기나 대한화기
에 유년화권을 인동하면 이혼 유년이 되는데 선천화기에 화권을 넣는
무자년(2008)에 이혼을 하였다. 이 명은 결혼 시작부터 싸움이 잦아
가출을 빈번하게 하였고, 결혼 1년 만에 결국 파경으로 돌아섰다고
한다. 2011년 신묘년 5월에 결혼, 12년 딸 출산. 남편이 시부모님 편이라
자주 싸운다.

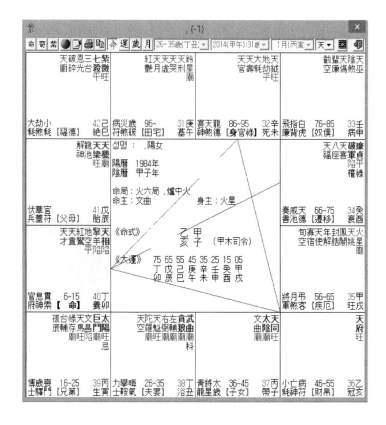

위 명은 묘궁(卯宮)에 천상, 경양이 있다. 위명의 결혼 운을 보면
홍란(紅鸞)과 천희(天喜)가 묘유궁에 있어 이 궁에 녹존을 인동하려면
을간(乙干)·신간(辛干)이 유력하다.

정축대한(26-35)에 이르면 대한의 부처궁은 을해궁으로 결혼운이다.
대한의 부처궁에서 결혼궁이 나왔으므로, 유년도 역시 부처궁을 중심으
로 본다. 을간의 사화 (기·량·자·음)중 천기 화록은 인궁의 녹존과
일보행으로 오궁으로 인동하고 화기는 태음으로 록, 기가 교잡한다.
선천 태양화기에 화록을 넣는 신묘년에 결혼한다. 이 명은 이혼은 안했지

만 결혼초기부터 싸움이 시작됐고, 신혼생활부터 서로의 뜻이 너무 맞지 않았다. 원래 부관선을 보면 관록궁이 신미궁으로 인수혼에 해당되어, 매우 불리하다.

이 명은 묘궁(卯宮)의 천상(天相)으로 상의는 성실과 모범이지만 살성이 동궁하여 미련하고 자기생각만 한다. 삼방사정에서 부상격을 보는데 부상격은 자제력, 신중함 등이 기본이지만, 공겁은 이런 장점을 약화시킨다. 또한 경양의 뜻은 산뜻하고 개성적이며 털털하지만 이것은 길한 작용을 할 때의 추론이고, 대부분이 흉성으로 급하고 독단이며 광폭한 것이 특징이다.

또한, 천상은 형기협인(刑忌夾印)을 조심해야한다. 형기협인이란 거문화기와 경양이 협하는 경우로써, 거문의 구설, 시비, 의심과 천량의 남에 단점만 들춰내거나, 자신의 생각이 강해서 물러남이 없는 성격이 결합하는 것이 형기협인이다.

보통, 형기협인이 되면 성정이 매우 날카롭고 고지식하게 되면서 절대 양보란 것이 없어지게 된다. 화기가 삼방으로 인동하는 경우에도 형기협인과 비슷한 작용을 하게 되므로 매우 피곤해진다. 특히 묘궁의 천상보다는 축미궁의 천상에서 그 현상이 두드러진다.

부처궁을 보면 축미궁의 무탐으로 좌보·우필과 괴월이 동궁한다. 축미궁의 무곡·탐랑은 개성적이고 사려가 깊으며 욕심도 많다. 그러나 가장 필요한 녹존과 문창·문곡을 보지 못해 흉이지만 그래도 부처궁이 보좌성과 동궁하여 좋은 편이다.

하지만 본 명궁과 부처궁에는 경양과 타라가 있어 부부간에 대화를 하면 말다툼으로 번질 우려가 있고 무곡·탐랑의 입장에서 괴월이나 보필은 중도와 화합의 별이기에 남편이 시댁어른들의 말을 고분고분 들을 수밖에 없다.

명궁의 천상은 좋게 얘기하면 성실과 모범이지만 흉할 때는 계도가
아니라 잔소리로 들리니 시댁어른들과는 상극구조이다. 이처럼 부처궁
에 보좌성이 좋아도 나의 별과 상극이면 보좌성 역시 흉하게 변한다.
보좌성은 쓸 때가 있고 못 쓰는 경우가 있는데 그 점을 유의해야 한다.

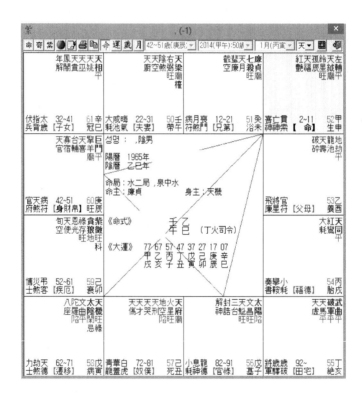

위의 남명은 갑신궁(甲申宮)의 무정성으로, 대궁에서는 천기(天機)와
태음(太陰)을 보고 있다. 경진대한(42-51) 부처궁의 화기(化忌)는 천기의
화기로, 선천화기(化忌)와 쌍화기가 되어 인수혼에 해당 된다. 경진대한
의 천이궁은 병술궁으로 천기의 화권은 쌍화기에 화권을 인동하므로
이혼이다.

대한 명궁의 화기는 천동으로, 태음의 화기와 임오궁을 충 하는데 함지(咸池), 진술궁의 홍란과 천희를 모두 화기(化忌)로 충해, 이 대한에 바람피울 확률이 매우 높다. 위의 남명은 2007년부터 바람이 났고, 2008년에 부인이 이 사실을 알고 수습을 했다.

이 명은 선천적으로 록과 기를 보고 있어 앞서 말했듯이 록과 기가 교잡하면 연분이 오래가지 않고 자꾸 끊어지는 현상이 있으며 정(情)에 약한 것이 또 하나의 특징이다.

남명의 기월은 여성적인 성격이 특성인데, 삼합궁에서 태양을 보면 성정이 유약하고 말수가 별로 없다. 또한, 정에 약해서 누군가가 눈물을 흘리며 매달리면 마음이 흔들리는 특징이 있다.

부처궁은 오궁(午宮)의 천량(天梁)으로 매우 개성적이며 산뜻한 성미이다. 사회 활동도 활발하고 성실하며 화권(化權)이 있어 책임의식 또한 상당히 강하다.

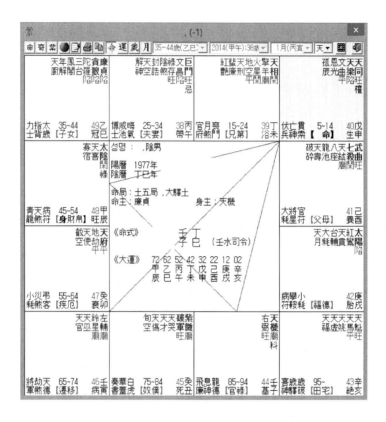

위의 남명은 무신궁(戊申宮)에 천동·천량(天同天梁)과 문곡(文曲)이 있다. 사업을 하다가 2010년 폐업하였고 부부갈등이 심해 이혼위기에 처해있다.

이 명의 결혼운을 보면 진술궁에 홍란(紅鸞)·천희(天喜)가 있어 갑간(甲干)과 경간(庚干)이 결혼 운인데 병오대한(25~34)에 부처궁은 갑진궁(甲辰宮)으로 대한의 녹존(祿存)은 임인궁으로 인동하고 선천 병오궁의 녹존과 삼합으로 술궁(戌宮)으로 인동하여 결혼하는 운이 된다.

한편, 대한의 명궁은 병오궁으로 천동화록(化祿)은 갑진궁의 태음화

록(化祿)과 삼합으로 임자궁으로 인동하는데, 이 궁의 대궁에 녹존(祿存)
도 있고 화기(化忌)도 있어 좋기도 하고 나쁘기도 하다.

문제는 선천화기(化忌)를 화록(化祿)으로 타동하여 염정의 화기로
인동하는데 대한의 부처궁에서 염정화기(化忌)를 다시 화록(化祿)으로
인동하면 이혼할 가능성이 매우 높다. 대한의 부처궁은 갑진궁으로
염정의 화록(化祿)이 인동하므로 이혼구조로 들어간다. 병오대한의
단순히 사화만 본다면 문창의 화과가 선천 화기궁에 들어가므로 파재에
해당하는데, 이 대한에 재물적으로 불리함은 유년의 일부분에 해당되고,
전체적으로 녹존을 화록으로 인동하여 좋은 편이다. 60성계의 동량(同
梁)이 명궁이면 거문 화기(化忌)의 흉의를 감당 하지 못하는데, 이는
태양이 왕지에 있어도 동량은 천기거문의 화기(化忌)가 들어옴을 매우
싫어하기 때문이다. 이는 관재와 더불어 일순간에 나쁜 길로 접어들
수 있어 위험하지만 동량의 상의가 아주 흉하지는 않아서 결국 제자리로
돌아온다. 이 대한에 직원 때문에 사업이 망했고 직원과 소송을 했지만
결국 패소를 했다.

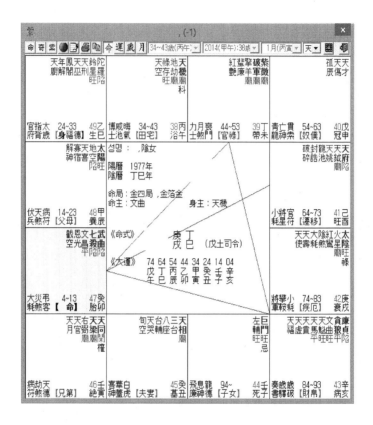

위 명은 계묘궁(癸卯宮)의 무곡·칠살(武曲·七殺)명이다. 2008년 32세 무자년(戊子年)에 이혼했다. 을사대한(24~33)의 천이궁은 신해궁(辛亥宮)으로 거문의 화록(化祿)이다. 선천거문의 화기(化忌)를 화록(化祿)으로 인동하고 화기(化忌)는 문창화기(文昌化忌)이다. 대한의 부처궁에 천이궁을 보면 기유궁으로 무곡의 화록(化祿)을 인동하므로 전형적인 이혼구조이다.

유년(流年)은 제일 먼저 문제 발생한 신해궁(辛亥宮)에서 찾으면 되는데 신해의 사화는 (거·일·곡·창) 태양(太陽)의 화권(化權)과 문창(文昌)의 화기(化忌)이다.

　　태양화권은 선천의 천동화권과 묘궁의 대한화기인 문창을 협하면,
남은 화기는 자궁에 거문의 화기(化忌)로 이 궁에 화권을 인동하면
되는데, 무자년이 되면 태음의 화권은 선천의 천동화권과 삼합으로
오궁을 인동하면 대궁에 선천화기가 있어 이혼유년이 된다.

　　위명의 부처궁은 천상으로 대궁에 경양은 보고 있어 흉하고 또한,
형기협인(거문의 화기와 경양이 협 하는 것)으로 거문의 흉의가 드러난
다. 이럴 때는 대궁의 경양도 흉의에 가세하여 천상을 더욱 힘들게
한다. 60성계의 천상(天相)은 매우 폐쇄적이며 고집이 아주 세다. 자신의
의지가 강하고 고지식하며 융통성이 너무 부족하다.

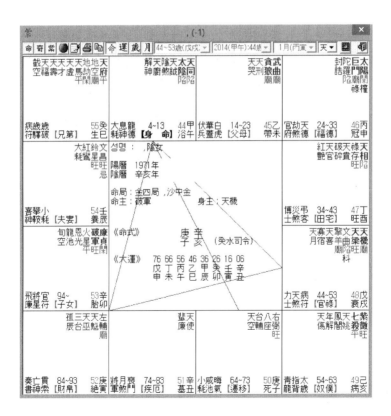

위의 명반은 싱가포르 국제항공 승무원이었던 린자인의 명조이다. 감명 당시 신랑에게 다른 여자가 있을 거라고 했고, 결국 세상을 떠들썩하게 하면서 재벌 남편과 거액의 위자료를 받으면서 이혼을 했다. 명궁은 갑오궁(甲午宮)의 천동·태음(天同·太陰)으로 얼굴이 귀여운 편이다. 태음은 중천성에 속하고 관(官)·귀(貴)의 특성이 있고, 나이가 들어갈수록 귀(貴)쪽으로 향하려는 속성이 강해진다. 중천성은 목표가 한번 설정되면 다른 것이 안 보이는 특성이 있다. 모든 것을 자기중심적으로 사고하는 특성이 있어 자기 본위가 가장 강한 성계이다. 또한, 오직 자기가 편해야 되고 불편하면 다른 모든 것에 관심을 보이지 않는다.

태양이나 태음과 같은 중천성들은 빛을 북두와 남두에 비춰주는 별이므로, 본인의 힘이 되는 명예와 재물에 대한 욕구가 상당히 강하다. 위의 여명은 대한의 행로가 복덕궁인 거문의 방향으로 정해지니 여성스럽지만 욕망은 강하고 명예욕도 남다르다. 복덕궁은 내가 생각하는 것을 의미하는데 길성이 가회하면 내가 생각했던 일이 잘 풀린다는 뜻이고 흉성이 가세를 하면 좀처럼 내가 원하던 방향으로 진행이 잘 안 된다는 뜻이다.

갑오대한(4-13)의 화록(化祿)은 염정화록(化祿)으로 신묘궁(辛卯宮)에 있고 선천명주(命主)인 파군(破軍)과 동궁하며, 대궁에 녹존(祿存)을 바라본다. 제1대한에 명주(命主)를 화록(化祿)으로 타동하여 집안이나 개인적으로 좋은 시기이다.

다만, 태양(太陽)의 화기(化忌)가 선천 문창(文昌)의 화기(化忌)와 삼합으로 본명을 충 하는 것은 흉한 것으로, 부모궁의 태음 화기가 다시 화기(化忌)로 응수하여 부모님에게 뜻하지 않는 사고를 암시한다.

을미대한(12-21)은 천기화록(化祿)으로 선천 화록과 더불어 유궁을 협 하는데, 여기에 선천 녹존이 있고 대궁에 있는 선천명주를 인동하여 평생의 운로를 판가름해주는 직업 중 하나가 숙명적으로 들어오게 되고, 그로 인해 인생의 대전환기를 맞게 된다.

명주인 파군에는 염정(廉貞)이 동궁하고 있어 매우 개성적이며 사려가 깊고 배려심이 많으나 대표적으로 염・파는 현대적인 여성으로 서비스업에 강하다. 또한, 대궁에 녹존과 천상을 보아 규칙적이고 모범적인 일을 하며, 상대하는 사람이 상위층 사람들이다. 이 대한에 항공회사 승무원이 되었다.

이 명의 결혼 운은 홍란(紅鸞)・천희(天喜)가 진술궁(辰戌宮)에 있어 녹존으로 인동하려면 임간으로 선천녹존과 무술궁을 협하는 것이 원칙이다. 임간을 보려면 무술대한(44-53)까지 가야 한다.

다른 방법으로는 홍란(紅鸞)・천희(天喜)를 화기로 인동하는 방법인데, 정유대한(34-43)의 천이궁은 신묘궁으로 문창의 화기로 홍란・천희를 인동하여 결혼운이다. 하지만. 문창의 화기는 선천화기와 쌍화기를 이루어 인수혼에 걸린다. 이럴 경우는 대한에 부처궁의 화권이 인수혼으로 인동하면 파혼이나 결혼을 하여도 바로 이혼한다. 대한의 부처궁은 을미궁으로 천량의 화권을 인동하면 인수혼으로 전형적인 이혼이다.

이혼의 이유는 화기(化忌)가 충한 궁을 자세히 보면 함지(咸池)를 비롯해 홍란(紅鸞)과 천희(天喜)가 화기를 보니 외도이다. 남편이 다른 여자와 외도를 했다.

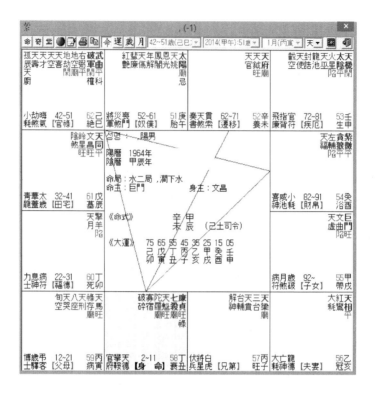

대만 타이뻬이 출신이다. 모기업체 사장 비서의 명조이다. 위의 남명
은 정축궁(丁丑宮)의 염정·칠살(廉貞·七殺)이다. 무진대한(32~41)에
부처궁의 천이궁은 임신궁(壬申宮)으로 천량(天梁)의 화록(化祿)은 대궁
에 태양화기(化忌)를 타동하고 무곡의 화기(化忌)로 인동한다.

대한의 명궁은 무진궁으로 탐랑의 화록(化祿)이 정축궁의 염정화록
(化祿)과 삼합으로 기사궁의 무곡·파군을 화록(化祿)으로 인동한다.
전형적인 이혼의 구조다. 부처가 이혼을 요구하는데 본인이 거절하는
구조이다.

위의 명은 염정·칠살(廉貞·七殺)에 타라가 동궁하여 노상매시(路
上埋屍)의 정격 다음인 준 노상매시격이다. 염정·칠살에 화기(化忌)가

인동되면 노상매시 흉격이 나타나는데, 쓸데없이 나서다가 결국 환영을 못 받는다는 뜻이다.

선천의 부처궁을 보면 을해궁의 천상(天相)으로 대궁에 무곡·파군(武曲·破軍)의 공겁을 보고 있지만 흉격은 아니다. 해궁의 천상(天相)은 머리가 좋은 편이고 손재주도 있어 다재다능하다.

문제는 사화인데, 을해궁의 사화(기·량·자·월)는 태음의 화기로 선천 태양의 화기와 미궁의 천부(天府)를 협 한다. 원래, 칠살은 천부의 조정을 받는 구조로 화기가 인동하면 달리는 차에 기름이 없거나, 브레이크가 고장 난 차를 시속 100㎞로 달리는 것 같아진다.

이렇게 천부는 브레이크나 기름과 같아서 염정·칠살에 중요한 역할을 한다. 결국 이명의 배우자가 사업을 한답시고 나섰다가 결국 다른 남자와 바람이 났다고 하는데, 바람을 피운 것은 아니고 아마도 작은 사건을 크게 확대를 해서 일을 키웠을 것이다.

부처궁은 흉해도 명격은 그래도 좋은 편이다. 축미궁의 염정·칠살이 괴월을 보고 삼합으로 좌보·우필이 가회를 하며 화록이 명궁에 동궁한다. 사장비서가 되는 원인 중에는 보좌성이 잘 포진되어 있다. 명궁의 화기는 거문으로 선천태양의 화기와 삼합으로 녹존을 충 하여 매우 고생스러운 일생을 보낼 수 있다.

녹존의 화기가 중중하면 "전력을 다하지만 고생을 많이 한다" 등으로 해석하는데 그만큼 녹존과 화기가 어울리면 좋을 것이 하나도 없다. 축미궁의 염정과 칠살은 대변인격으로 사람들을 이끌고 일을 도모한다. 정당대변인, 사장 비서, 회사의 영업이사, 재개발 추진위원장 등이 그러한 사례들이다.

흔희들 남파는 성계 해석을 바탕으로 전체적인 흐름을 읽는다고 말들은 많이 하지만 실상을 놓고 보면 성계 분석을 자세히 하는 경우는 매우 드물다. 하루는 스승에게 자미두수 공부를 어떻게 하면 잘할 수 있을까를 물은 적이 있는데, 북파는 인체의 뼈와 같고, 남파는 인체의 살과 같으니 북파를 해석할 수 없으면 뼈대를 못 세우니 형체가 안 나오고, 남파를 모르면 생김새를 모르니 어두운 곳에서 과녁을 쏘는 것과 같아서 둘은 반드시 함께 공부하고 배워야한다고 하셨다. 이 어려운 북파는 물론이고 남파까지 모두 습득해야 한다니, 십년공부도 짧아 보이는 것이 자미두수인 것 같다. 아직도 갈 길이 아득하게만 느껴지니 말이다.

아래 여명은 계축궁(癸丑宮)의 거문·천동(巨門·天同)이다.

갑진대한(33-42)에 이르면 부처궁은 임인궁(壬寅宮)으로 천량의 화록(化祿)에 무곡의 화기이다. 천량의 화록은 해궁의 선천 화록과 삼합으로 미궁을 인동 하는데 이궁의 대궁에 거문·천동의 화기(化忌)가 있어 선천화기(化忌)를 대한의 화록(化祿)이 인동 시킨다.

대한의 화기(化忌)는 무곡의 화기로 다시 화록으로 인동하면 이혼인데, 대한 명궁은 갑진궁으로 염정의 화록과 오궁의 녹존이 삼합으로 임인궁의 무곡화기를 화록으로 인동하여 전형적인 이혼구조이다.

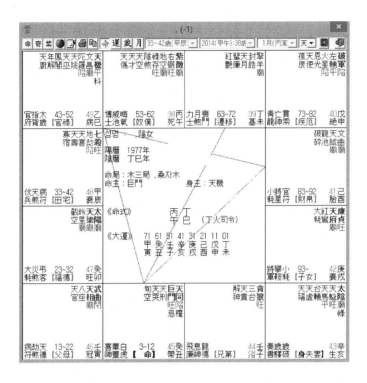

이 대한에 남편이 주식을 하면서 경제적으로 힘들어 2010년 현재 이혼하려고 하고 있다. 선천 부처궁은 신해궁으로 화기는 문창화기인데, 선천화기와 더불어 삼합으로 선천의 복덕궁을 충 한다.

앞에서 언급했던 바와 같이 배우자가 별로 도움이 안 되는 구조에 해당된다. 특히 여명의 거문은 복덕궁이 중요한데, 부처궁에서 인동한 화기가 본명의 복덕궁을 충하니 배우자로 인해 고생이 심한 구조이다.

명궁은 축궁의 거문·천동(巨門·天同)으로 화권과 화기가 동궁하고 대궁에 경양을 본다. 거문·천동이 일월을 보지 못하면 어두움을 해소하지 못하고, 거문의 화기는 고생을 대표하거나, 질투를 대표하는 것이고, 천형(天刑)은 중심, 균형, 고극에도 영향이 있다.

대궁에는 경양이 있어 거문은 경양을 보면 감정적으로 불편해진다. 여기에 화성이 가세를 하면 "거화양(巨火羊)" 격국으로 자신의 감정을 조절하지 못해서 자살로 이어지는 격이다.

60성계 중 거동은 염정·천부 운에서 바람이 나고 칠살 운에는 투자, 투기를 조심해야 하는데 이명의 남편이 주식투자를 해서 재산을 파탄 냈다. 갑진대한의 화과는 무곡이고 화기는 태양으로 대한의 화과를 화기가 협한다. 전형적인 파재이다.

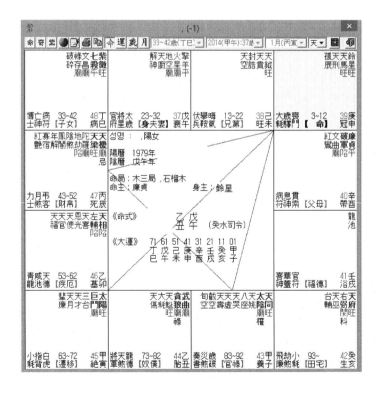

위의 여명은 경신궁의 무정성으로, 영성(鈴星)과 천형(天刑)이 동궁한다. 의뢰인이 말한 생시는 진시(辰時)였지만, 필자는 사시(巳時)로 추론하였다. 정사대한의 부처궁은 을묘궁(乙卯宮)으로 천기의 화록(化祿)은 선천화기(化忌)를 인동하고 태음의 화기(化忌)로 간다. 대한명궁은 정사궁으로 태음의 화록을 인동하니 전형적인 이혼이다.

유년은 시초점인 을묘궁을 보면 되는데 태음화기(化忌)와 천기화기(化忌)가 삼합으로 경신궁을 충 하고, 이궁에 화권(化權)을 넣으면 이혼유년인 셈이다. 11년 신묘년에 이혼을 했다.

여명이 인신궁(寅申宮)의 태양·거문(太陽·巨門)은 단순하며 자기고집이 강하고 말의표현이 서툴다. 더군다나 살성이 많아지면 관재와 구설이 많아지는 특징이 있는데 이명은 삼방에서 타라·영성을 보아 살기(殺氣)가 있는 거일 격이다.

반드시 부처가 능력이 있어서 안정을 하거나 집안에 능력이 있어야 관재구설이 생겨도 막을 수가 있다. 특히, 신궁의 거일은 집안의 우환이 더 많은 것이 특성이다.

선천 부처궁인 무오궁의 화기는 천기의 쌍화기로, 이궁은 선천의 재복궁이다. 남편궁의 화기가 본명의 재복선을 쌍화기로 충하니 그야말로 남편으로 인하여 돈고생, 마음고생까지 한다.

3 북파 자미두수의 외도外道 추론 방법

　북파에서 외도는 주로 함지(咸池)와 천요(天姚), 그리고 홍란(紅鸞)과 천희(天喜)를 중심으로 풀이한다. 비록 이 별들이 소성에 불과하지만, 그들의 영향은 매우 크다고 할 수 있다.

　특히 북파에서는 작은 소성 하나하나의 영향을 결코 작게 보지 않는다. 각각의 사안마다 핵심이 되는 소성들이 있기 마련이고, 이들을 중심으로 추론해나가면 크게 그르치는 법이 없음을 경험할 수 있을 것이다.

　가령, 결혼을 추론할 때는 홍란과 천희를 중요하게 보고, 이혼을 추론할 때는 고진과 과숙을 중요하게 보며, 관재를 추론할 때는 화성과 영성을 중요하게 보고, 사망을 추론할 때는 상문과 조객을 중요하게 본다.

　마찬가지로 외도를 추론할 때는 주로 함지와 천요를 중요하게 보고, 홍란과 천희를 참조하는 것이다. 추론 방법은 비교적 간단하여, 함지(咸池)와 천요(天姚)가 좌하는 궁에 화기(化忌)나 화록(化祿)이 인동하면 외도한다고 추론하고, 홍란(紅鸞)과 천희(天喜)도 마찬가지 방법으로 참조한다.

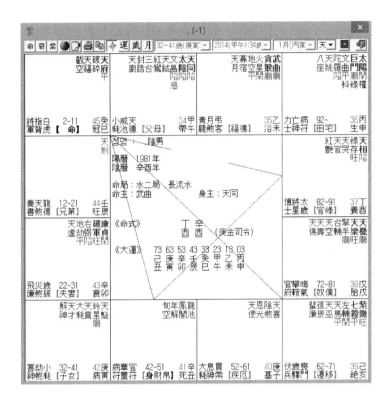

위의 남명은 계사궁(癸巳宮)의 천부(天府)이다. 신묘년(辛卯年) 2011
년 바람을 피다가 부인에게 발각이 됐다.

신묘대한(22-31)의 천이궁은 정유궁(丁酉宮)이며, 녹존(祿存)은 갑오
궁으로 인동하고 홍란·천희(紅鸞·天喜)가 있으므로 결혼하는 운이다.
정유궁의 화기는 거문으로, 선천 문창의 화기와 더불어 미궁을 협 한다.

신궁의 천요(天姚), 오궁의 함지(咸池)가 화기(化忌)로 인동하여 외도
를 한다. 또한 자오궁의 홍란·천희를 녹존(祿存)과 화기(化忌)로 인동하
기 때문에 결혼도 하지만, 또한, 바람기가 다분하다.

일반적으로 사궁의 천부(天府)가 명궁이 되면 비교적 중후한 편이다.

성실하고 진솔하지만, 천부명은 준 도화의 격국을 이루는 사례들이 많다. 그렇다고 모두 다 바람을 피우는 것은 아니겠지만 천부(天府)는 성관계나 자녀 욕심이 많은 구조로 부부관계를 만족시켜 줘야한다. 그래서 조금이라도 도화성이 비추거나 부부관계에 문제가 생기면 바람필 소지가 아주 다분하다. 이명의 신주는 천동(天同)으로 화기(化忌)가 동궁하여 결혼생활에 불만이 많다. 더군다나, 천동과 동궁하는 문창의 화기는 계약위반이나 신용의 문제로 부처가 성생활에 응대를 제대로 하지 않았을 경우가 많다.

선천 부처궁을 보면 신묘궁(辛卯宮)의 염정·파군(廉貞·破軍)로 대궁에 녹존을 보아 매우 개성적이고 사려가 깊은 듯 하지만 궁간 화기가 신간(辛干)으로 문창(文昌)의 화기(化忌)는 나의 선천화기(化忌)와 동궁하여 인수혼에 해당한다. 부부가 다툼이 많은 구조이다.

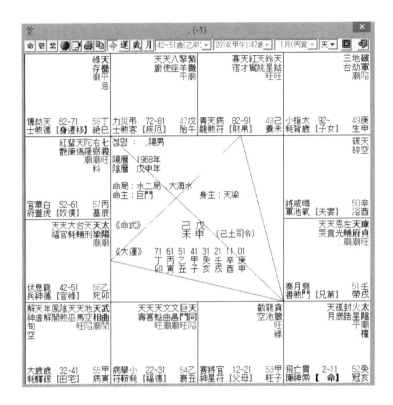

  위의 남명은 명궁이 계해궁(癸亥宮)으로 태음(太陰)과 화성(火星)이
동궁하고 있다.

  갑인대한(32~41)에 바람을 피우다 걸려서 부인과 이혼을 하였는데,
대한명궁의 화기는 태양화기(化忌)로, 사궁의 선천화기와 더불어 진궁
을 협 한다. 또한, 일보행으로 진행하여 축궁으로 진입한다. 이 과정에서
유궁의 함지(咸池)와 미궁의 천요, 홍란과 천희(紅鸞·天喜)가 모두
화기를 보므로 바람이 난다.

  보통 해궁의 태음(太陰)은 월랑천문격(月朗天文格)으로 머리가 총명
하고 사리분별이 정확하며 공적인 인물로 칭할 만큼 고격으로 본다.

그러나 태음(太陰)이 극히 싫어하는 화성(火星)과 영성(鈴星)이 있으면
파격이 되어 길한 가운데 흉한 일이 자주 발생한다.

갑인대한은 대한의 경양(擎羊)과 타라(陀羅)가 묘궁과 축궁이므로,
화기(化忌)와 겹치면서 거, 화, 양(巨火羊)이 되고, 일월 모두 화기(化忌)
가 인동하여 반드시 시비구설이 많아지게 된다. 이 대한에 바람이 났는데
부인에게 발각이 되면서 시비가 중중해진 것이다.

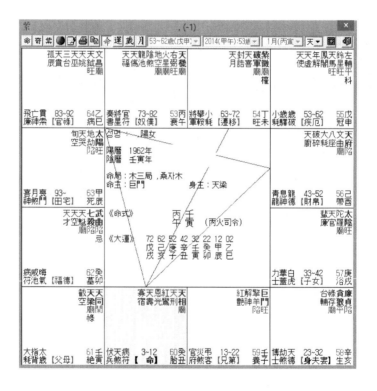

위의 여명은 계축궁(癸丑宮)의 천상(天相)이다.

기유대한(43-52) 천이궁은 계묘궁(癸卯宮)으로 탐랑화기(化忌)이다.
선천화기(化忌)와 더불어 삼합으로 축미궁을 충 한다. 이 과정에서

묘궁의 함지(咸池), 사궁의 천요(天姚), 축미궁의 홍란과 천희(紅鸞·天喜)가 모두 화기로 인동하므로 바람이 난다. 이 대한에 애인을 사귀고 돈까지 빌려줬다가 못 받고 있다.

이 여명은 계축궁(癸丑宮)의 천상(天相)이고, 신궁(身宮)은 해궁의 염정과 탐랑이다. 명궁과 신궁이 협하는 궁이 임자궁인데, 이 궁에 거문(巨門)이 있으므로 주로 거문(巨門)의 성격이 나온다. 자궁의 거문(巨門)은 경양(擎羊)과 동궁하고 대궁에 화성(火星)·공겁(空劫)을 모두 보고 있어 매우 흉한데 자기 본위적이고 투정이 심하며 남을 배려할 줄 모른다. 특히, 거문의 흉의(凶意)는 잔소리인데 이명이 그러하다.

기유대한(43~52)에 화기(化忌)는 문곡의 화기(化忌)로 선천화기(化忌)와 마주보고 있어 인수혼에 해당한다. 이명 역시 선천 복덕궁에 화기(化忌)가 있는데 여명이든 남명이든 복덕궁에 화기(化忌)가 있음은 가정생활이 좋지 않음을 의미한다.

4 북파 자미두수의 질병疾病 추론 방법

　인생에 가장 중요한 것은 건강이다. 건강을 잃으면 모든 것을 다 잃는 것과 같다. 질병은 명궁과 질액궁의 성계와 화기로 인동한 성계에서 질병의 종류를 정하는 것인데 병증의 종류는 아주 다양하다.

　두수에서 가장 힘든 추론 중의 하나는 병에 걸리는 것을 추단하기보다 병의 종류를 맞추는 것이 어렵다. 질병의 종류는 앞으로 더 많이 연구를 해야 한다.

(1) 삼초三焦에 관하여

　삼초란 일정한 부위나 형태가 없고 기본적으로 체온을 유지시키는 장기들의 총칭이며 임파계라는 설도 있다. 임파(임파관·임파선·임파액)중에 임파액은 우리 몸에 전신을 돌며 조절 작용하는 것이다. 삼초는 아래와 같다.

　여기서의 삼초는 상초(上焦)·중초(中焦)·하초(下焦)를 총칭한다.

　상초는 흉곽부위인 심장, 폐장기능을 말한다.
　중초는 상복부와 제복부(臍腹部 배꼽부위) 소화계 기능을 통괄한다.
　하초는 하복부를 지칭하며 비뇨생식기·대장의 기능을 통괄한다.

　삼초에 이상이 생기면 처음의 증상은 불안, 초조, 땀이 많이 나거나

전혀 나지 않으며 목이 잘 붓고 입이 마르며 입맛이 있다가 없다가
한다. 목이 막히거나 답답하고 침을 잘 삼키지 못하며 소화불량이 생기고
변비, 설사, 생리불순이 생긴다. 대체로 전신무력감이나 열이 오르고
내리기를 반복한다.

가. 자미紫微

삼초 중의 중초에 해당하며 주로 위장(胃腸)·비장(脾臟)·췌장(膵
臟), 피부에 해당하는 병을 관장한다. 위치는 위와 비장에 해당하며
병이 나면 소화력이 떨어지고, 수족냉증과 설사, 변비, 당뇨, 어지럼증,
마비가 오며 손발톱의 색깔이 안 좋다.

비장의 위치는 왼쪽 갈빗대가 끝나는 곳으로 명치나 위의 뒤에 붙어
있다. 췌장은 위의 앞쪽에 있고 꼬리부분은 비장과 연결되어있다. 비장
은 혈액을 저장, 적혈구를 파괴하고 핏속의 균을 없애주는 면역체를
만드는 일을 하고 췌장은 췌액을 소장으로 보내 소화를 돕고 인슐린을
만들어 당분을 조절하는 기능을 한다.

비장은 음식물을 기와 혈로 바꾼 후 몸과 근육에 자양분을 주는
역할을 담당한다. 특히 근육 중에서도 얼굴의 근육을 자양시켜서 맑게
해주는 것이 비장이다, 췌장은 당료와 연결이 되어 있다.

자미(紫微)가 살성과 동궁하면 위와 같은 질환이 오는데 주로 내부의
소화기능을 담당한다. 자미가 화·령(火·鈴)을 만나면 무력감이 오고
살이 빠지며 정신력이 약해지는데 비장에 탈이 나서 그러하다. 자미(紫
微)가 양인(擎羊)과 타라(陀羅)를 만나면 위장이 급격히 나빠지고 특히,
이러한 증상이 있을 때에 복덕궁의 화기(化忌)가 침범하면 위암을 조심
해야 한다.

나. 천부天府

주로 담낭(膽囊, 쓸개)와 신장(腎臟)에 해당하며 쓸개는 간장에서 나오는 담즙을 저장하고 배출하여 소화를 돕는 기관으로 중정지관(中正之官)으로 불리기도 한다. "중정지관(中正之官):주관이 뚜렷하고 행동이 곧고 매사에 공명 정대하다."의 뜻으로 소화를 도우고 질병이 침투하는 것을 방지하며 담력이 있는 것을 의미한다.

신장은 몸의 수(水)를 조절하여 생장, 발육, 생식, 번식을 주관하므로 정력과도 관련이 있다. 천부가 길하고 천동이 좋으면 정력이 좋은 편이다.

천부에 살기(煞忌)를 충파하면 오한이 나고 추위를 타며 작은 소리에도 깜짝 놀라며 소화력이 급격히 떨어진다. 백색의 식품을 섭취하는 것이 좋고 특히 뿌리 약재를 달여서 먹는 것이 아주 좋다.

천부는 토(土)이기에 조왕지에 거하면 위장이 좋아 기름진 음식을 즐기는데 나이가 들면서 대장암의 발병에 원인이 되기도 한다. 함약지에 거하면 소화력이 떨어지고 위장기능이 떨어진다. 천부는 화기(火氣)와 상극으로 술을 잘 못한다.

다. 태양太陽

삼초 중의 상초에 해당되며 소장과 심장에 해당한다, 심장은 흉부에 있으며 심장의 끝은 왼쪽 젖꼭지 밑에 있어 만져보면 툭툭하고 울린다. 심장의 역할은 혈액을 폐로 보내 산소공급을 받아 다시 심장으로 돌아오면 이것을 온몸에 나누어주어 생명에 지탱하는 역할을 한다. 심장이 약하면 얼굴색이 창백하고 심신이 허하며 기운이 없고 진땀이 잘난다.

"心有七孔三毛七孔以應北斗七星三毛以應三台故心至誠則天無不應也

(入門) 심(심장)에는 일곱개의 구멍과 세개의 털이 있는데, 이 일곱개의 구멍은 북두칠성에 상응하고 세개의 털은 삼태성(三台星)에 상응하므로 지성을 다하면 하늘이 응한다.

심장에 이상이 생기면 가슴이 답답하고 마음의 조절이 힘들고 당기는 듯한 가슴통증이 심하여 온몸에 피 같은 땀이 나며 사지가 뒤틀린다.

소장은 위와 대장 사이에 있는 기관으로 영양분을 소화 흡수하고 찌꺼기는 대장을 통하여 배출시킨다. 또한, 소장은 심장과 매우 밀접하여 소장의 영양분을 심장으로 보내 체내에 분비하는 역할을 한다.

태양은 함약지에 거하면 초년에는 대장과 소화기의 질환이 생기고, 나이가 들면서 점차 혈압이나 안과질환으로 고생한다. 또한, 태양이 조왕지에 거하면 초년에 눈과 대장에 질환이 생기고, 나이가 들면서 점차 하체로 내려가 대장의 질환으로 고생을 한다.

태양(太陽)에 화성(火星)・영성(鈴星)・천량(天梁)이 동궁하면 열기(熱氣)가 있으며 혈변을 보기도 한다. 태양(太陽)의 화기(化忌)나 양타(羊陀)가 동궁하면 눈이 안 좋아지고 변비가 심하며 공겁(空劫)을 만나면 비위가 약해진다.

라. 태음太陰

삼초 중의 하초에 해당하며 태음은 신장과 방광을 담당하고 내분비계를 의미한다. 내분비계통은 호르몬 불균형으로 오는 대사활동을 무너뜨리는 대사 장애를 뜻한다, 당뇨, 비만, 고혈압, 신경과민, 심장병 등을 총칭한다.

초기 증세로는 쉽게 피곤하고 나른하며 깊이 잠들지 못하고 땀을 많이 흘리거나 몸이 차갑던지 하는 증상과 불면증, 무력감을 나타낸다.

이외에 내분비계는 심리적 요인이 많아 스트레스가 주원인이다. 신장은 내분비 계통으로 이상이 생기면 신경과민, 우울, 공포, 흥분 등을 일으키며 인간의 정신과 관련이 되어있다.

또한, 신장은 귀와도 관련이 있어 이명 증세, 어지러움 등이 생긴다. 특히, 용지 봉각과 동궁하면 청각에 문제가 발생한다. 태음(太陰)은 살성을 만나면 우울하고 예민해지며 특히, 몸의 저항력이 급격히 떨어진다. 과도한 정신적 스트레스가 주원인인데 화성(火星)·영성(鈴星)과 동궁하면 수치가 높아진다.

태음이 화기(化忌)와 동궁하고 음살(陰煞)이 동궁하면 정신병이 생기고, 다시 흥성이 가회하면 암을 조심해야한다. 주로 태음이 독좌를 하면 날카로워져서 몸이 마르거나 은근히 비만인 경우가 생기는데 이는 모두 내분비계에서 오는 영향이다.

태음은 태양과 마찬가지로 눈의 질환이나 갑상선을 조심해야하며, 초년에는 편도선 질환이 자주오고 나이가 들면 하체로 내려가 대장이나 췌장에 질환이 온다.

마. 천기天機

삼초 중 하초에 해당하며 간(肝)과 담(痰)을 담당하며, 운동계통과 정신계를 관장한다. 간의 위치는 명치끝의 오른쪽에 있고 검붉은 색감에 말랑말랑하다. 우협과 좌협으로 나누어져있으며 하루에 약 600CC 담즙을 만들어 소화를 돕는다. 혈액을 만들고 저장하며 알부민을 만든다. 음식과 혈액의 독을 없애고 배설시킨다. 인체의 힘줄과 감각을 다스린다.

천기는 탐랑과 더불어 간담을 담당하는데, 천기가 담과 정신을 담당하고, 탐랑은 간과 근육이나 힘줄을 담당한다. 또한, 눈과도 연결되어

있어 간이 병이 들면 저절로 눈물이 나고 눈이 흐려지며 손, 발톱의
윤기가 사라진다.

담(痰)은 비장의 기운이 허하여 수분과 습기가 제대로 순행하지 못하
고 머물러 있게 되어 생기거나, 폐기(肺氣)의 순환이 잘 안되어 생긴다고
하였으며, 담증(痰症)의 증상은 초기에 두통, 발열이 나고 감기와 같이
사기가 인체에 침입하여 오래 되면 안에서 열이 나며 기침이나 가래가
나오고 특히 밤에 심한 오한 증상이 나타난다.

천기(天機)가 화령(火鈴)·공겁(空劫)을 만나면 매사에 의욕이 떨어
지고 식욕이 없으며 권태를 자주 느낀다. 천기(天機)가 조왕하면 목(木)
이 좋아져 술을 좋아하고 자극적인 것을 찾는다. 태음과 동궁하면 신경계
통을 조심해야 하는데 임파선암, 폐렴, 유방암 등이다. 거문과 동궁하면
정신계열이나 위장을 조심해야하고 천량과 동궁하면 피부병이나 장을
조심해야 한다.

천기가 역마지에 거하고, 사살이 충파하면 주로 교통사고나 팔다리에
상처가 나기 쉽다. 경양이나 타라와 동궁하면 거의 확실하다.

천기가 태음과 동궁하면 편도선이나 폐질환을 조심해야하고 화성·
영성을 보면 화상을 조심해야 하며, 또한, 몸의 피가 뜨거워져 밤에
잠이 잘 안 오는 불면증에 걸릴 수 있다.

바. 천량天梁

대장(大腸)과 혈액(血)을 관장한다. 대장에는 교감신경과 부교감신경
이 분포되어 대장운동을 돕는데 천량이 이신경계를 관장 한다. 주로
스트레스를 받으면 변비가 생기고 창곡(昌曲)과 교잡하면 혈변을 보기도
한다.

또한, 천량은 가슴부위를 지칭하는데, 남자에게는 간혹 새가슴 이라 하여 가슴부위가 튀어나온 사람이 있으며 여성에게는 유방(木)이나 유두(土)에 발병하여 유방암을 일으키기도 한다.

그러나, 대표적으로는 천량이 살기(煞忌)나 화령(火鈴)을 보면 대장암이나 중풍인데, 뇌혈관의 순환장애로 이어지는 사지마비와 소아마비이다. 특히 천량은 음덕(陰德)의 성계로 유전에서 오는 경우가 많은데, 설령 부모가 아니더라도 조상 중에 있으면 후손이 생길 수가 있다.

천량(天梁)은 태양(太陽)과 마주보고 있거나 동궁하면 피가 너무 뜨거워져서 열상혈(熱傷血)이 생기는데 토변, 변혈이 대표적으로 생기는데 여기에 칠정동혈(七情動血)(사람의 감정)까지 겹치면 대장암이 거의 확실하다. 천량(天梁)의 암합 궁위는 염정으로 감정적인 부분이 많아져 천량(天梁)의 속성에는 염정의 기본적인 것이 들어있다. 그래서 천량은 뇌질환도 많이 생긴다.

또한, 자오궁의 천량은 정신적으로 취약하여 충격을 받으면 정신병이 발병 할 수 있다. 특히, 음살(陰煞)·용지(龍池)·봉각(鳳閣)이 있으면서 사살이 충파하면 조울증을 조심해야한다.

사. 천동天同

요추와 신장, 방광을 담당한다. 신장은 아랫배의 등 쪽으로 쌍으로 위치하며 노폐물의 배설과 전해질 대사, 체내 항산성유지등을 담당하는 장기로 흉추와 요추사이에 자리 잡고 있다. 이상이 생기면 머리가 많이 빠지고, 잔기침이 나며, 비문증(눈앞에 검은 점이나 눈썹이 보는 것)이 생기며 특히 신허요통, 허리가 약하고 기상시에는 뼈근하며 아파서 오래자지 못한다.

뼈마디가 시리고 허리뼈가 아프다. 실제로, 천동(天同)은 허리 네모근(요방형근)이 약해지면 그에 따라 연관된 신장이상으로 발전하여 허리통증을 유발시키는데 디스크와는 약간 차원이 틀리다.

천동이 함약지에 거하거나, 흉성이 가회를 하면 피부질환이나 신경계의 질환이 오며 아침에 잠에서 깨기가 힘들어진다.

다만, 천동(天同)이 양인(擎羊)과 타라(陀羅)와 동궁하고 화기(化忌)가 충 하면 허리 디스크를 조심해야한다. 거문과 동궁하면 내장의 암 질환을 조심해야하고 창곡이나 화령이 동궁하면 폐질환과 기관지를 조심해야 한다.

신장(腎臟)은 사람의 정력과도 관계하는 성계로 천동(天同)이 길성과 가회하면 정력이 좋아지고 원기도 좋아지는데 다만, 수기(水氣)가 너무 강하면 그에 따른 화기(火氣)와 토기(土氣)가 부담감이 커져서 피부, 위장, 염증계열이 자주 발병한다.

아. 탐랑貪狼

삼초 중 하초에 해당하며 간(담)에 해당한다. 쓸개는 간의 오른쪽에 있으며 담즙을 분비하여 소화를 돕는다. 간 또는 담낭에 병이 생기면 담즙 배출이 안 되고 거꾸로 피 속으로 흘러 황달을 일으킨다.

특히, 탐랑은 온몸의 근육과 힘줄을 담당하는데 살기(煞忌)와 동궁하면 근력이 떨어지고, 천마와 동궁하고 흉성이 가하면 하체의 근육이 약해진다. 탐랑이 길화를 보면 몸의 힘이 좋아지고 화성·영성을 보면 동작이 매우 빠르고 기민해진다.

담에 어혈(피)이 차면 기운이 막혀 인체의 여러 가지 질병이 들어오고 질병이 머리에 이르면 귀가 안 들리고 삼초가 막히기 시작한다. 즉,

질병이 침입했다는 신호이다. 또한, 탐랑은 부모에게 물려받은 생명의 기원으로 선천 정기를 의미하며 에너지원이다.

몸으로 보면 모태와 연결된 배꼽이고, 그것이 척수를 만들고 오장육부를 만든다. 다시 그 기운이 상부로 올라가 뇌를 형성하고 귀를 거쳐서 눈에 이른다. 기(氣)에 손상이 생기면 헛것이 보이거나, 뇌의 혈압이 조절이 안 되고, 두통이 발생하며, 오장육부의 기능이 자기 멋 대로이다. 또한, 탐랑은 염정과 더불어 염증을 유발하기도 한다.

자. 염정廉貞

위에 있는 하초중 탐랑은 선천이고 염정은 후천이다. 염정은 혈액(血)과 관계가 깊으며 예로부터 피(血)는 수곡(水穀)에서 생긴다. 동의보감에는 "중초가 수곡의 기운을 받으면 붉게 변하여 피가 된다"라고 적혀있다. 염정은 음식이나 호흡을 통해서 몸속에 들오는 모든 종류를 에너지로 만들어 각 기관에 보내어 생명의 원동력이 되는 것을 의미한다. 고로 혈액이자 피 이다.

음식이 들어오면 위장에서는 그것을 에너지화해서 피에 영양을 공급하여 각 기관에 보내준다. 폐로 들어오는 모든 공기도 역시 혈액 속에 농축하여 각 기관에 보내어 삶에 에너지를 주는 것이다.

그래서 염정에 탈이 나면 특히 염증계열을 조심해야 하는데, 이것이 이동하면서 각 기관과 연결되어 폐렴, 요로결석, 위염, 간염 등을 일으키므로 후천적인 생활환경이 문제가 된다.

피(血)에 병이 생기는 원인은 열로 인해 발생하는 열상혈(熱傷血)과 사람의 감정에 관련된 칠정동혈(七情動血)·실혈(失血)·어혈이 있는데 이중에 칠정동혈(七情動血)은 사람이 느끼는 감정이 피의 운행을 막거나, 순간적으로 분노가 일었을 때에 피가 역류하는 뜻한 느낌, 지나치게 감정이 폭발하면 피를 토하거나 임신한 여성이면 유산이 되는 경우를 말한다.

그래서 염정(廉貞)은 지나치게 스트레스를 받으면 정신착란도 올 수 있다. 특히, 화성(火星)·영성(鈴星)은 염정의 정신병과 깊은 관련이 있다고 보는데 현재까지 추적해 본 결과는 음살(陰煞)과 동궁하면 확률이 더 높아진다. 그러므로 염정은 스트레스를 피해야하고, 음식조절부터 해야 하며, 맑은 공기나 산속에서 생활하면 치료가 된다.

염정이 살기(煞忌)를 보면 소화장애와 하복부의 질환이 오는데 여성이면 대장이나 자궁질환으로 조심해야한다.

차. 거문巨門

위장, 신장, 머리, 손목, 팔꿈치 등을 관장한다. 위장(胃腸)은 태창이나 두라고 하며 명치 밑에 왼쪽으로 누어있는 주머니 형태로 음식물의 소화 작용을 하며 소장으로 내려 보낸다.

위장을 나쁘게 하는 3대 요소는 가) 피로감으로 위의 운동을 방해하고, 나) 스트레스로 생각이 우울하면 위가 정상적으로 활동을 못하는 것이며, 다) 식습관으로 불규칙적인 식사, 술, 담배, 기름진 음식이 문제인데 이것만 잘 해결하면 위장은 기본적으로 건강하다.

얼굴로는 윗 턱 부위로 위장과 연결이 되어있어, 위턱 쪽에 문제가 생기면 위장의 기능이 좋지 않음을 암시한다. 또한, 거문은 태음의 복덕궁위에 있는 까닭에, 대표적으로 내분비계통의 이상이 생기며 신경과민, 우울, 공포, 흥분, 정신착란 등을 일으키는데, 거문(巨門)의 가장 골치 아픈 것은, 잘 낫지 않는다는 것이다.

거문이 창곡, 화령을 보면 홍역, 아토피 피부질환이 생기고 양타를 만나면 장애를 생긴다.

또 관절부위가 자주 아픈데 특히 손목이나 발목 부위는 특히 거문의 수기가 몰리는 곳이라 조심해야한다. 또한, 거문·태양·천량 수명자는 뇌질환을 조심해야한다.

카. 무곡武曲

폐와 대장, 생식기 등을 관장하는데 그중에 폐(廢)는 에너지를 만드는 곳이라 매우 중요하다. 공기를 마시고 그 공기 중에 우리가 필요한 에너지를 모으고, 각 기관에 보내는 일을 하는 곳이므로 우리 몸의 2대 에너지 기관이다.

무곡이 탈이 나면 열이 발생하고 호흡이 불규칙적이며 허리부분이 약간 아프다. 또한, 폐는 폐주피모(肺主皮毛)라 하여 "폐는 피부와 털을 주관 한다"란 말처럼 폐가 나쁘면 피부질환을 앓기도 한다.

무곡이 양인과 타라를 보면 얼굴색이 검거나 피부에 윤기가 없으며, 화성·영성을 보면 상처가 잘나며 흉이 진다.

무곡이 살기(煞忌)와 흉성이 동궁하면 생식능력이 떨어지거나 생식기 질환이 생긴다.

타. 칠살七殺

폐와 대장을 담당한다. 폐와 대장은 오행의 분포로는 금(金)에 해당하고 경락상 표리관계에 있어 대장과 폐는 같은 움직임으로 본다. 대장의 운동근육인 허리 네모근(요방형근)이 약해지면 그에 따라 연관된 신장이

상으로 발전하므로 대장은 결국 신장과도 관계가 있다.

얼굴로는 아래턱과 대장이 관계가 있어 아래턱이 아프거나 아래쪽 이빨이 부실하면 대장이 약하다고 봐야 한다. 염정은 혈액을 담당하지만, 칠살은 온몸의 기(氣)를 담당하기에 진양(眞陽)에 해당된다. 칠살이 탈이 나면 진기가 깨져서 사람이 광폭해지고 드세진다.

파. 파군破軍

파군은 척수(脊髓)와 뼈를 관장하는 성계로 척수는 척추 안에 있는 중추신경 뭉치를 의미하는데, 백혈구, 적혈구, 혈소판을 만드는 곳이다. 즉, 가장 중요한 신장(腎臟)과 연결이 되어 있다.

파군이 살기(煞忌)와 동궁하면 감각과 운동신경에 마비가 오며, 경양과 타라와 동궁하면 뼈를 다치거나 선천적으로 뼈에 이상이 있으며 화성·영성과 동궁하면 뼈가 약하다.

하. 천상天相

신장(腎臟)을 담당한다. 몸속의 수기(水氣)를 관장하고 산도를 조절하며 정력과도 관계가 깊다. 천부의 정력은 바로 천상에서 오는 것도 바로 이 때문이다.

신장(腎臟)은 원기의 근본이고 선천의 기(氣)를 얻으며, 생식과 정력에 관계가 깊다. 골수를 다스리는 뇌와 연관이 있고, 이명난청(귀에 소리가 나고 잘 안 들리는 증상)에 관계하며, 변비와 설사를 일으킨다.

염정의 허한 기운은 천상이 제 기능을 발휘하지 못한 까닭으로 매우 중요한 역할을 한다. 천상은 천동과 마찬가지로 신장기능이 나쁘면 허리가 안 좋게 된다. 천상의 조건이 좋으면 신장의 기능이 좋아 힘이 좋아지며 움직임이 재빠르고 명랑하며 두뇌가 맑고 명석해진다. 또한 용지(龍池)·봉각(鳳閣)과 함께 길성을 보면 귀가 맑아지고 구강이 청결해진다.

거. 문창文昌

주로 각 기관에 천공(구멍)을 내는 것으로 헐거나 흠집이 나고 그런 연후에 천공이 생긴다. 다른 의미로는 혈액을 의미한다.

너. 문곡文曲

각 기관에 염증의 초기단계로, 천공으로 발전하는 단계를 의미한다.

본 저자는 질병에 있어 초기 단계로 채 5%도 쓰지 못하였고, 더 연구하고 발전시켜야 역술에 접목 할 수 있다. 단지, 병을 아는 것이 아니라, 예방을 할 수 있는 단계가 하루속히 오길 기대한다.

* 오행에 따라 해갈하는 방법을 일부 적는다. (도가의 기도 방법)

수(水)계열에서 탈이 나면 대표적인 북방의 어류인 생태로 제사를 지내 수기를 달랜다. 나무로는 측백나무를 집안에 기르면 나쁜 수기(水氣)를 잡는데 도움이 된다. 단지, 측백나무를 쓸 때에는 음기(陰氣)가 강하여 여러 그루를 심는 것은 좋지 못하다. 생태는 3, 5, 7로 마릿수를 맞추고 날짜도 삼일이나 칠일동안 음의 날을 정해서 제사를 지내면 탈이 어느 정도 잡힌다.

목(木)계열에서 탈이 나면 대표적인 동방의 어류인 도미로 제사를 지내 목기(木氣)를 달랜다. 나무로는 소나무를 집안에서 분재로 기르거나, 정원에서 기르기 적당한 것을 선택한다. 소나무는 양기중 노양에 속하여 한그루가 적당하고 3그루 이상을 심으면 자손번창의 문제가 생긴다. 도미를 쓸 때는 1, 3마리로 쓰며 날짜는 삼일이나 오일 동안 음의 날을 정해서 제사를 지내면 탈이 어느 정도 잡힌다.

토(土)계열에서 탈이 나면 대표적인 중앙의 어류인 숭어로 제사를 지내 토기(土氣)를 달랜다. 나무로는 버드나무로 기질은 황색이다. 숭어로 제사를 지낼 때는 1마리에서 3마리가 적당하고 날짜는 하루이며 음의 날을 정해서 제사를 지내면 탈이 어느 정도 잡힌다.

금(金)계열에서 탈이 나면 대표적인 서방의 어류인 우럭으로 제사를 지내 금기(金氣)를 달랜다. 나무로는 백양나무를 기르는 것이 좋다. 백양나무는 일명 은사시나무이며 기질은 흰색이고 1그루만 심으면 된다. 우럭을 쓸 때에도 1, 3마리정도로 쓰며 날짜는 하루나 삼일동안이고 음의 날을 정해서 제사를 지내면 탈이 어느 정도 잡힌다.

화(火)계열에서 탈이 나면 대표적인 남방의 어류인 조기로 제사를 지내 화기(火氣)를 달랜다. 나무로는 오동나무로 기질은 홍색이다. 조기를 쓸 때에는 1마리에서 3마리정도로 쓰며 날짜는 하루나 삼일동안이고 음의 날을 정해서 제사를 지내면 탈이 어느 정도 잡힌다.

질병(疾病)의 공식을 간단하게 요약해보면 아래와 같다.

가. 선천화과(化科)를 화기(化忌)가 인동하면 생긴다.

나. 명궁(命宮)·천이궁(遷移宮)의 화기(化忌)를 질액궁(疾厄宮)의 화록(化祿)으로 인동하거나, 질액궁(疾厄宮)의 화기(化忌)를 명궁에서 화록(化祿)으로 인동하면 질병이다.

다. 잡성(雜星)으로는, 병부(病符)와 천월(天月)의 화기(化忌)가 인동
하면 질병(疾病)이 생긴다.

북파에서 질병의 발생 유무를 추론하는 방법은 신주(身主)와 질액궁의
성계 및 화기(化忌)를 보면서 대략 알아낼 수 있지만, 질병의 종류가
너무 다양하기 때문에 세세한 병명까지 알아내기에는 사실상 역부족이다.
두수에서 가장 힘든 추론 중 하나가 바로 어떤 병에 걸리는지를
추론하는 것이다. 앞으로 후학들의 연구가 많이 있기를 기대해본다.

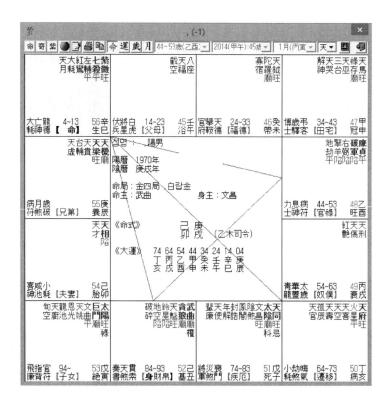

위 명은 신사궁(辛巳宮)의 자미·칠살(紫微·七殺)명이다. 갑신대한 (34-43)에 피부병이 발병하여 44세 갑오년(甲午年) 정월에 피부암으로 발전했다.

갑신대한(34-43) 천이궁의 무곡화기(化忌)는 천동화기(化忌)와 기축궁을 협 한다. 대한 질액궁은 기묘궁으로 무곡의 화록이 화기(化忌)가 협한 궁을 록으로 인동한다. 이명은 선천적으로 질액궁의 화기(化忌)가 있고 신주 역시 화기(化忌)와 동궁하여 부부생활의 불화나 질병이 생기기 쉽다.

주론법) 갑신대한의 천이궁은 무인궁으로 천기의 화기이다. 선천 천동의 화기와 삼합으로 대한의 명궁을 화기로 충 한다. 선천신주는 문창이고 대한의 신주는 천량으로 이 대한에 화기로 모두 충 한다.

이 명은 36세에 직장을 그만두고 개인 사업을 시작했는데, 억대의 빚을 져서 처갓집과 마찰이 시작되었다. 그러던 중 발병을 하였는데 처음에는 대수롭지 않게 생각하다가 병이 커진 상황이다.

갑신대한은 선천녹존이 동궁하고 삼방사정에 삼기가 가회하여 매우 아름다운데, 다만, 관록궁의 천동화기가 옥의 티이다.

대한의 사화는 무곡의 화과에 태양의 화기로, 화과를 중심으로 화기가 협 한다. 선천적으로도 화과(化科)·화기(化忌)가 동궁하여 매우 불리한데 이 대한에 다시 화과(化科)·화기(化忌)가 교잡하여 파재를 한다.

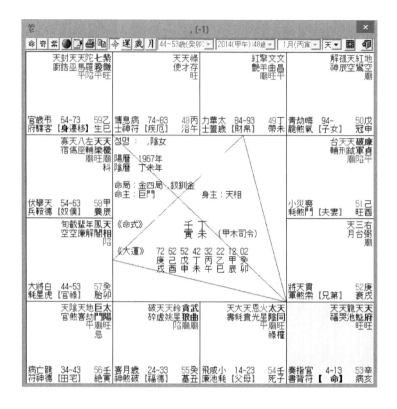

위의 명은 신해궁(辛亥宮)의 천부(天府)다. 2002년 36세 임오년(壬午年)에 유방암이 발견됐다.

임인대한(34-43)의 천이궁은 무신궁(戊申宮)으로 천기의 화기(化忌)는 거문의 화기와 천상(天相)을 협 하는데 이 궁은 대한의 질액궁이다. 신주(身主)는 천상(天相)으로 이 대한에 화기(化忌)로 충 하고 대한의 신주인 천량도 화기(化忌)로 충 하여 전형적인 질병이다.

또한, 천기의 화기는 일보행으로 병오궁을 화기로 인동하면 임인궁의 병부(病符), 병오궁의 병부(病符)가 모두 화기로 충한다.

천상(天相)은 수기(水氣)로 신장을 담당하고, 천량(天梁)은 토기(土氣)로 가슴, 유방, 뇌, 대장을 담당한다. 이 대한에 천량(天梁)의 흉부와 천상(天相)의 나쁜 수기가 몰려 유방암이 발병한다.

60성계중 사해궁의 천부는 비교적 살기형모가 삼방에 있으면 직장이나 주변사람들과 주로 충돌이 많다. 부관선은 천상으로 형기협인이 되면 이리저리 떠돌거나 사람들과 충돌이 많고 안정이 안 된다.

제 3대한인 무곡·탐랑을 만나면 비교적 천부가 발달하는 국면을 맞이하는데, 이럴 경우는 자신의 이익에 준하는 행동을 하여 무정조합 구조로 들어간다. 제 4대한 천부가 태양·거문운에 들어가면 천부의 틀과 태양의 틀이 만나서 일을 벌이려는 속성과 시기 질투가 증가한다. 형기협인이 되면 절대 일을 벌이면 안 되고 감투를 맡아도 안 된다. 거문과 천부는 암투의 별로 발전하면 위험천만한 일이 벌어진다.

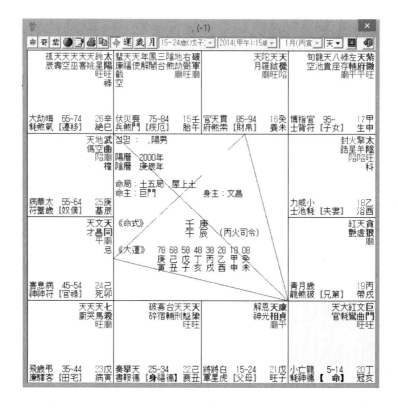

위의 명은 정해궁(丁亥宮)의 거문·문곡(巨門·文曲)명이다. 01년 2살에 뇌종양(수모 세포종)의 진단을 받았다.

선천 신주(身主)는 문창(文昌)으로 기묘궁에 있고 이미 천동화기(化忌)와 동궁하고 있다. 정해대한(5-14)에 이르면 화기(化忌)는 거문의 화기(化忌)로 천동화기(化忌)와 삼합으로 계미궁에 천기를 충 한다.

정해대한의 신주(身主)는 천기(天機)로 이 대한에 화기로 충을 받는다. 대한신주, 선천신주가 모두 화기(化忌)를 인동하여 발병하는데 문제는 선천명주인 거문(巨門)이 가세하여 선천의 복덕궁으로 화기(化忌)를

인동 시킨다. 명주・신주・명궁・신궁・복덕궁 등 5개 궁이 화기(化忌)
로 휩싸이니 공히 버티기가 힘들다. 거문 명자는 가끔 뇌질환으로 고생을
하는데 이 경우가 그렇다.

원 명반은 거문이 문곡과 동궁하여 손재주와 말솜씨가 있어 대인관계
에 적극적인 성격이지만 거문이 가장 싫어하는 양・타와 화・령을
삼방사정에서 보는 명이라 문제가 아주 많다. 더군다나 이미 신주는
선천화기와 동궁하고 있어 몸에는 언젠가는 문제가 생기게 되어있다.

5 북파 자미두수의 부도, 파재 추론 방법

돈은 현대사회에서 매우 중요한 부분으로 자리 잡고 있다. 자본주의와 물질 만능의 시대를 살면서 돈은 사람을 보는 가치의 척도가 되기도 한다. 심지어 결혼 상대의 직업과 경제적 능력이 첫 번째이고 아무리 궁합이 좋아도 무능하면 주위에서 반대하는 것이 현실이다.

최근 TV에서 방영된 프로그램 중에 부자에 대한 인식을 물어보는 프로가 있었다. 대체로 인식하기를 "돈이 많으면 존경하고 아주 많으면 그 사람의 노예가 된다" 라고 했다.

그러나, 모든 화근의 중심에는 돈이란 놈이 있어 반드시 인성을 갖추지 않고, 돈을 소유하면 그 돈이란 것은 사람을 죽이는 도구로 사용이 되고 악의 근원이 될 수 있어 이점을 유의해야한다.

현대를 살면서 가장 중요한 부분 중의 하나는 돈을 버는 것과 이를 지키는 것이다. 그 중의 파재는 사업의 승패나 투자의 길흉을 예측하기에 매우 중요하다. 자미두수에서 파재는 대한의 화과(化科)를 쓰는 것으로, 선천화기(化忌)에 인동하면 대부분 투자실패나 사업실패에 해당된다.

화과(化科)와 화기(化忌)가 동궁하면 마음의 고통이 증가하는데, 이는 염정의 화기처럼 마음의 상처가 된다.

다음으로는 대한의 화권(化權)이 선천화기(化忌)에 인동하면 주로 추진하던 사업의 실패를 의미한다.

파재는 아래와 같다.

가. 화권化權

내가 무리를 해서 생기는 파재를 뜻한다. 중심은 본인에게 있고 본인이
자제를 하여야 하며, 무리를 해서는 안 된다.

나. 화과化科

추진하는 일이 현실과 안 맞거나 주변 상황이 받쳐주질 못하고 꼬인다
는 뜻이다. 화과는 감정의 별이므로 마음의 고통을 동반한다.

다. 녹존과 명주

대한의 화기가 명주나 녹존을 충 하면 그 대한에 파재를 한다.
파재는 위의 조건이 붙으면 파재의 운이 되어 돈을 잘 벌지 못한다.
위의 공식대로 하면 내가 파재를 언제 했는가를 알 수 있다. 또한,
내가 태어난 시간을 유추도 할 수도 있다.

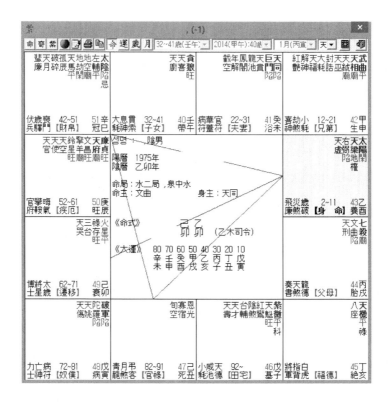

위의 명은 을유궁(乙酉宮)의 태양·천량이다.

재백궁은 신사궁의 태음으로 선천화기(化忌)와 동궁하고 있어 불리하다. 임오대한(32~41)에 좌보(左輔)의 화과(化科)는 태음화기로 인동된다. 대한의 녹존은 정해궁으로 선천화기(化忌)를 보고 있고, 대한의명주는 파군으로 대한의 무곡화기에 충을 받는다.

이 대한에 의류사업이 부진하여 결국 문을 닫았는데, 임오대한을보면 임간에 천량의 화록은 선천녹존(祿存)을 인동하여 발재에 해당한다. 이 대한 중반까지 사업이 좋았던 이유는 여기에 있다. 이명이 필자를만난 것은 2011년 신묘년 여름철로 한창 사업이 번창하여 3호점을 내는 것을 문의하러 왔는데, 오히려 사업의 운이 안 좋으니 정리하는 것이 좋다고 했다.

그간 2년 동안 의류가 날개 돋친 듯이 팔려서 대형 매장을 인수하려 하는데, 운세가 어떤지를 알려고 온 것이다. 필자가 보기에 분명 올해 말이나 내년에 사업체가 문을 닫는 것으로 나와 적극적으로 말렸으나, 오히려 망신만 당하고 제대로 점도 못 본다고 소문만 났다.

그 후에 들은 소문으로는 대형 쇼핑몰에 들어갔다가 1년간 월세를 내지 못해 문을 닫은 채로 새로운 인수자가 나타나길 기다린다고 들었다.

명궁은 유궁의 태양과 천량이 있는데, 이 궁의 힘은 어느 성계가 주도권을 가질까? 당연히 천량이 우선이다. 천량은 일단, 화권이라는 궁합이 맞는 사화를 가지고 있어 역량이 강하다. 유궁의 태양은 천량의 고극 성향을 제어 하지 못하고 천량에게 끌려 다니는 구조로 풀이가 된다.

천량은 녹존(祿存)을 보면 고집이 세지고 돈 때문에 주변에 시비구설도 증가한다. 이럴 때 필요한 것은 문창·문곡이고, 다음이 천괴·천월이며 좌보·우필이다. 제일 중요한 것은 녹존과 창곡이 있으면 흉한 것을 이겨내고 대권을 이룬다 하여 "양양창록격(陽梁昌祿格)이 탄생하는 것이다.

태양·천량이 묘유궁에 있으면 대부분 체격이 작으나 단단하고 몸의 생기가 느껴진다. 원래 인·신·사·해궁의 천량은 천마·화령·공겁·천형·타라 등 살성과 동궁하거나 삼합에서 보면 "표탕무의(飄蕩無疑)"로 구속받지 않고 자기생각대로 행동하는 버릇이 있어 천마를 삼방에서 보면 더욱 불리하다.

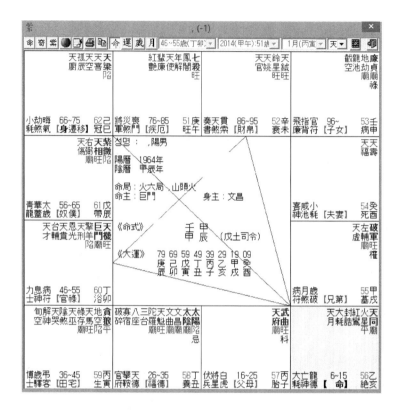

위 명은 을해궁(乙亥宮)의 천동(天同)이다.

병인대한(36~45)에 이르면 대한의 화과(化科)는 문창(文昌)으로, 선천 화기(化忌)로 인동된다. 화기는 염정으로 대한의 명주인 녹존을 충하고 있어 이 대한이 파재 운이다.

병인대한을 보면 녹존(祿存)과 천마가 동궁하고 대궁에 염정의 록이 있어 매우 길한 대한이다. 그러나 녹존(祿存)은 록으로 인동해야 쓸모가 있지 그냥 보고 있으면. 일명 계륵(鷄肋)으로 전혀 도움이 안 되고, 오히려 대한에서 녹존만 보아 쓸데없는 욕심만 키우는 허(虛) 녹존이 된다.

* 계륵(鷄肋) 닭의 갈비뼈라는 뜻으로 유비가 천하 삼분지계의 뜻을 품고 촉을 점령한 뒤에 이제는 한중을 평정하러 군을 일으켰다. 한중을 점령한 유비를 향해 조조는 한중을 다시 빼앗으려 군대를 일으켰지만 유비에 비해 자신의 군세가 훨씬 더 약하다는 걸 알고 있다. 그러던 중 음식으로 조조에 올려진 닭계탕의 닭의 갈비뼈를 보고 한중을 먹자고 하니 손해에 비해서 이득이 없을 것 같고 또 버리고 가자니 후퇴하는 자신의 모습이 아깝고 마치 닭의 갈비뼈 같다고 해서 계륵이라는 말을 유래되었다.

이명은 해궁의 천동 명으로 천이궁에 신궁(身宮)을 보고 있다. 해궁의 천동은 발달이 늦은 것이 특징인데 길성이나 사화가 가회하지 않으면 전반적으로 자신의 능력보다는 발전 속도가 느리거나, 주변의 도움이 없어 혼자 모든 것을 결정하거나 판단해야 한다. 더군다나 복덕궁의 화기(化忌)는 더욱 흉하여 육친의 도움을 받지 못한다는 것으로 남명이든 여명이든 별로 좋지 않다.

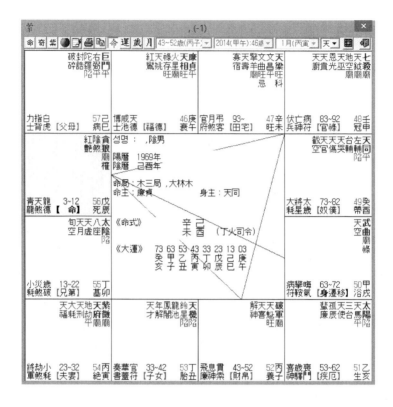

위 명은 차량 인테리어를 하다가 정축대한에 파재를 하였다.

명궁은 무진궁(戊辰宮)의 탐랑(貪狼)으로 정축대한(33-42)에 이르면 대한의 천기화과(化科)는 선천화기(化忌)를 보고 있어 파재가 예상된다. 화기는 거문으로 오궁을 협하면서 선천의 녹존(祿存)을 화기(化忌)로 협 한다. 이 명은 차량 인테리어사업을 하는데 부도가 몇 번 났다.

이 명은 진궁의 탐랑(貪狼)이고 신궁(身宮)은 무곡(武曲)을 보아 무탐 조합으로 물욕이 강한 구조이다. 탐랑을 볼 때에는 화령이 기본인데, 화성이 복덕궁에 있고 염정·천부가 녹존과 동궁 한다.

문제는 염정은 녹존과 동궁하여 음유(陰柔)의 성질이 증가하는데,

천상이 그 흉을 제어하지만 염정이나 천상입장에서는 화성이 동궁하면 정신적으로 문제가 발생하여 투자착오를 일으킨다.

이 명은 무탐조합으로 비교적 발달이 늦으며 게으르다. 그러나 탐랑이 화권(化權)과 동궁하고, 대궁 무곡화록의 영향으로 이런 점은 개선할 수 있는데 그래도 화령보다는 떨어진다.

천라지망의 모든 성계는 기본적으로 살성이 동궁하는 것이 좋다. 천라지망은 "하늘의 그물망"으로 인생이 발달하려면 살성으로 그물을 탈출하여야 좋고 살성이 없으면 약간은 답답해진다. 그러나 살성을 너무 많이 보면 오히려 그물이 너덜너덜해져서 그물에 고기가 다 빠져 나가듯이 인생을 제멋대로 사는 경우가 있다.

부모궁은 사궁의 거문으로 성정이 매우 고지식하고 깐깐하며 대쪽 같아 타협을 모른다. 그러므로 탐랑은 거문의 영향으로 더욱 답답하게 느껴져서 살성이 조금만 가회하면 어릴 때 가출이나 방황을 하게 된다.

형제궁은 태음으로 아버지의 부인이자 본명의 모친궁이다. 태음은 영원히 거문을 이길 수 없는 구조로 굉장한 압력에 시달린다. 이 분의 모친이 부친의 잔소리에 몇 번이나 이혼을 결심하였지만 이혼을 못했다.

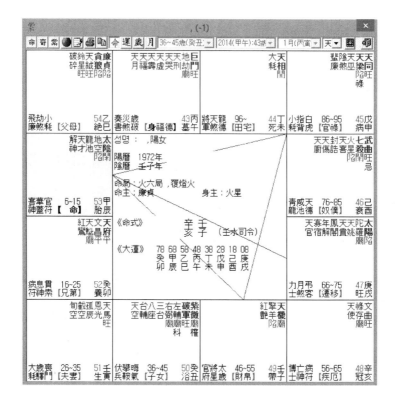

위의 명은 갑진궁의 태음명이다.

임인대한(26-35)의 천이궁은 무신궁으로 탐랑의 화록은 녹존(祿存)을 화록으로 인동하여 발재의 대한이다. 이 대한에 장사를 시작하였는데 아주 잘되었다.

계축대한(36-45)의 파군 화록은 선천 녹존과 협으로 임자궁의 천기를 인동하고 거문화권은 이궁의 대궁에서 비춘다. 이 대한도 역시 발재에 해당한다. 다만, 화기는 탐랑으로 선천화기와 삼합으로 축궁을 비추는데 화권과 화과가 있다. 화권은 본인이 직접 돈을 쓰는 것이고 화과는 주변상황이나 사람의 관계 사업에 방향이 나빠져서 파재를 하는 것이다.

부처궁은 임인궁의 무정성이고 화기는 무곡이다. 선천의 무곡화기와 동궁하여 쌍화기를 인동하므로 인수혼에 해당한다. 이 명은 남편 복과 자녀 복이 부족하여 남편으로 인해 고통을 받는다. 이 대한에 돈은 많이 벌었지만 남편으로 인해 돈을 많이 낭비했다.

진궁의 태음은 암합으로 무곡·칠살이 있는데 이런 구조는 직장이나 사업의 열망을 나타내는 성계의 암합이다. 태음과 무곡은 둘 다 재성(財星)으로 태음은 예측, 기대, 환상의 재성(財星)으로 투자하기 전에 생각으로 앞서는 것이고, 무곡은 실질적으로 부딪쳐서 이루는 재성(財星)으로 근본적으로 다르다. 비단, 이러한 것은 재물뿐 아니라 직장이나 인간관계에서도 이루어진다.

/ 용어 해설 /

- **극(剋) :** 누르다. 제압하다. 다른 의미는 떠나다. 서로 반목하다
- **가회(加會) :** 삼방에서 보는 것이다. (명궁·재백궁·관록궁)
- **길성(吉星) :** 자미두수의 별로 길한 작용을 하는 별들을 이야기 한다.
- **낙함(落陷) :** 성계가 약지나 함지에 임하는 것을 뜻한다.

- **대궁(對宮) :** 마주보는 궁을 이야기 한다.
- **동궁(同宮) :** 같은 궁에 두 개의 성계가 동시에 있는 것이다.
- **독좌(獨坐) :** 궁에 오직 주성이나 보좌성이 하나의 별만 있는 것이다.
- **명궁(命宮) :** 나의 명이 시작하는 곳이다.

- **부질선(父疾線) :** 부모궁과 질액궁을 의미한다.
- **부관선(夫官線) :** 부처궁과 관록궁을 뜻한다.
- **박(薄) :** 적음을 뜻한다.
- **살기(煞忌) :** 모든 살기와 화기를 말한다.
- **성요(星曜) :** 성계와 같은 용어이다.
- **순행(順行) :** 시계 방향으로 운이 흘려 감을 뜻한다.
- **역행(逆行) :** 시계 반대방향으로 운이 흘려 감을 뜻한다.

- **인동(因動) :** 궁에 있는 성계를 사화로 움직이는 것이다
- **암합(暗合) :** 명리의 6합으로 궁안에 성계들이 기질적으로 만나는 것이다.
- **재복선(財福線) :** 재백궁과 복덕궁을 뜻한다.

- **좌명(坐命)** : 명에 있거나 대한의 명이 있는 것을 의미한다.

- **충(沖)** : 마주보는 궁이나 삼방에 사화가 인동하는 것이다.

- **천이궁(遷移宮)** : 명궁의 대궁을 뜻한다.

- **타동(打動)** : 궁에 있는 사화를 다른 사화로 움직이는 것이다.

- **형극(形剋)** : 형벌이 있거나 가족간에 불화나 고통을 당하는 것을 의미한다.

- **형노선(兄奴線)** : 형제궁과 노복궁을 뜻한다.

- **협(夾)** : 명의 양쪽 궁에서 협하는 것

- **함약지(陷弱地)** : 별이 어둡거나 힘이 없는 곳을 말한다.

/ 참고문헌 /

이 책을 기술하면서 참고한 책은 아래와 같다.

1) 자미두수전서(紫微斗數全書)
2) 점험파(占驗派)
3) 중주파(中州派) 60성계
4) 비성파(飛星派) 자미두수

段階 방용식

- 성곡사 스님에게 사사 받음20대
- 2003년 하이텔 자미두수 학술위원
- 은퇴후 입산(경기도 양평)
- 다음카페 자미두수 서당 운영자

- 대만 이명선생 사사 받음 97년
- 2003년 불교문화센터 강사
- 단계 자미두수 원장

北派 紫微斗數

초판 인쇄 2014년 9월 15일
초판 발행 2014년 9월 25일

저   자| 방용식
펴 낸 이| 하운근
펴 낸 곳| 學古房

주   소| 서울시 은평구 대조동 213-5 우편번호 122-843
전   화| (02)353-9907 편집부(02)353-9908
팩   스| (02)386-8308
홈페이지| http://hakgobang.co.kr/
전자우편| hakgobang@naver.com, hakgobang@chol.com
등록번호| 제311-1994-000001호

ISBN   978-89-6071-438-0 93180

값 : 15,000원

이 도서의 국립중앙도서관 출판시도서목록(CIP)은 서지정보유통지원시스템 홈페이지
(http://seoji.nl.go.kr)와 국가자료공동목록시스템(http://www.nl.go.kr/kolisnet)에서 이용하
실 수 있습니다.(CIP제어번호: CIP2014026819)

- 파본은 교환해 드립니다.